NORSK

Antologi

Arbeidsbok til

NORSK 2

nordmenn og Norge

ANTOLOGI

WORKBOOK for Intermediate Norwegian

Edited by
Kathleen Stokker

The University of Wisconsin Press

The University of Wisconsin Press
1930 Monroe Street, 3rd floor
Madison, Wisconsin 53711-2059
uwpress.wisc.edu

3 Henrietta Street
London WC2E 8LU, England
eurospanbookstore.com

Peanuts cartoons are reproduced with the permission of
PIB Copenhagen.

Grynt cartoons and drawings in "Den svanede," and "mandag"
by Sven Sønsteby are reproduced with permission of the artist
and *Aftenposten.*

Cosper cartoon is from *Dagbladet.*

ISBN: 978-0-299-13455-6

innhold

GRAMMATISK OVERSIKT

REPETISJON

v

OPPGAVER TIL UTVALGTE STYKKER I ANTOLOGIEN

FASIT

INTRODUCTION

Grammar is the structure that helps our minds determine meaning; it is essential to the language learning process. Reflecting its elevated status, the word "grammar" once meant "sorcery." This volume focuses on developing the learner's proficiency at this magic. It contains a thorough overview of the main points of elementary Norwegian (*Grammatisk oversikt*), a wide variety of exercises (*Repetisjon* and *Oppgaver til lesestykkene*) and a key (*Fasit*). Two main types of exercises appear: those that review already-covered structures (*Repetisjon*) and those that introduce new ones (*Nytt materiell*).

CONTEXT: All the exercises have a context; they take their point of departure in readings (*Lesestykker*) from the accompanying anthology, but often relate directly to the learner's own life experience as well. Using the grammar in context facilitates natural and meaningful communication. Since the exercises have developed through several years of student-generated essays and feedback about the reading selections, moreover, they target precisely those constructions that learners themselves have identified as indispensible.

VERSATILITY: Despite their specific origin, the exercises contain virtually all structural items essential to the intermediate (second year college) level. A portion of the exercises further direct themselves toward the particular problems speakers of American English experience in learning Norwegian. While assuming an acquaintance with approximately the first 20 chapters of *Norsk, nordmenn og Norge*, the workbooks's extensive grammar summary and reveiw section help suit the workbook to all learners having a basic knowledge of Norwegian.

INDIVIDUAL TAILORING: Instructors will be most successful in using the text if they tailor its contents to their individual classes, building on the individual interests, aims and abilities of that particular group, and inviting them to express their own meaning as soon and as frequently as possible. To assist instructors in so tailoring their courses, the workbook and teacher's manual present a wide variety of materials from which to find items to choose and adapt. While exercises on word order (including types of clauses and conjunctions), the passive voice, modal adverbs and indirect discourse comprise a main focus of the new material and do progress in a somewhat step-wise fashion, any of these exercises as well as all the remaining grammar items and exercises may be included or omitted at the individual instructor's discretion.

OTHER FEATURES OF THE WORKBOOK:

*The "*Hvem er du?*" sections encourage students to personalize the material; they may be used as a written exercise or interactively in class.

*The "*Litt av hvert*" sections (in the *Oppgaver* portion) summarize the selected "lesestykke" while giving the learner choices that review common problem areas in syntax, usage and vocabulary.

*Pre-reading summaries: Learners derive maximum benefit from reading passages when provided with a brief introduction to key items of the plot and vocabulary before initial reading. The workbooks's "*Litt av hvert (sammendrag)*" sections (presented without the choices) may be adapted for this purpose in the absence of the **Teacher's Manual's** specially prepared introductory material.

*"*Kryssord*": The workbook's five crossword puzzles review general vocabulary as well as new items introduced in the reading selections.

*A liberal sprinkling of **cartoons** pepper the workbook. Some relate directly to specific exercises, others aim simply to catch the browsing learner's eye and provide extra practice. As a class exercise they may also be used in the ways described in the anthology's introduction.

***Cross-references** to the Grammar Summary and footnotes (both in English) help learners with grammar explanations, which in the body of the text occur in Norwegian.

*"*Fasit*": For those exercises that have a fixed answer, a key is provided within the workbook itself. When students correct their own work they receive immediate feedback and reinforcement. Meanwhile effectiveness of class time is maximized since discussion need focus only on problem areas, freeing more time for communicative activities. The presence of the answers, of course, also enhances the workbook's vaule to self-study learners.

As important as structure is, in the classroom it may effectively be subordinated to the communication of information, ideas and feelings. To accomplish this end, the instructor will want to distinguish between the aims of written and of oral work, striving for accuracy in written work while promoting oral proficiency in class work. The *Teacher's Manual* (*Lærerveiledning*) presents a variety of pair and small group activities to help learners achieve these oral proficiency goals.

© United Feature Syndicate, Inc./PIB

GRAMMATISK OVERSIKT

Grammatisk oversikt
(Short Grammar Summary)

The following attempts to summarize some of the key points of grammar presented in the text. Readers desiring a more thorough treatment are referred to Åse-Berit and Rolf Strandskogen, *Practical Norwegian Grammar.* Oslo: Oris Forlag, 1986; or Anne Golden, Kristi MacDonald og Else Ryen, *Norsk som fremmedspråk. Grammatikk.* Oslo: Universitetsforlaget, 1988, a book I have found extremely helpful.

I. NOUNS (*SUBSTANTIVER*)

A. Gender (*Kjønn*)

There are three genders in Norwegian:

Masculine (**en** nouns)(*hankjønn*)
Feminine (**ei** nouns) (*hunkjønn*)
Neuter (**et** nouns)　 (*intetkjønn*)

B. Articles and endings (*Artikler og endelser*)

The *singular indefinite* articles (**ubestemte artikler**) ("a", "an") are **en, ei** and **et**.
The *singular definite* article (**bestemt artikkel**) is formed by suffixing **-en, -a** and **-et** respectively, to masculine, feminine, and neuter nouns. These are referred to as *post-positive* definite articles.
The *plural indefinite* ending of most nouns is **-er**.
The *plural definite* ending is **-ene**:

	singular (*entall*)	plural (*flertall*)
indefinite(*ubestemt*)	**en** gutt(a boy)	**gutter**(boys)
definite(*bestemt*)	**gutten**(the boy)	**guttene**(the boys)
	ei dør(a door)	**dører**(doors)
	døra(the door)	**dørene**(the doors)
	et bilde(a picture)	**bilder**(pictures)
	bildet(the picture)	**bildene**(the pictures)

C. Some modifications of the general rules (*Unntak*)

1. Most *one syllable* **et** nouns and their compounds take no ending in the plural indefinite form; they *do* take the usual definite plural ending:

et bord (a table)	**bord** (tables)
bordet (the table)	**bordene** (the tables)
et skrivebord (a desk)	**skrivebord** (desks)
skrivebordet (the desk)	**skrivebordene** (the desks)

3

2. Nouns ending in an *unaccented* **-el** or **-er** drop the **-e** in the plural indefinite and definite forms. A double consonant preceding the **-er** of **-el** is reduced to a single one when this happens:

en onkel	onkler	en gaffel	gafler
onkelen	onklene	gaffelen	gaflene
en vinter	vintrer	en sommer	somrer
vinteren	vintrene	sommeren	somrene

3. Nouns ending in an unstressed **-er** denoting *profession* or *nationality* form the indefinite plural by adding **-e** and the definite plural by adding **-ne**:

en lærer	lærere	en bergenser	begensere
læreren	lærerne	bergenseren	bergenserne

4. Neuter nouns ending in **-ium** or **-eum** in the indefinite singular often lose the **-um** before adding the usual endings in the remainder of the forms:

et museum	museer	et akvarium	akvarier
museet	museene	akvariet	akvariene

5. Words ending in a single *-m* preceded by a *short* vowel double the *-m* when an ending beginning with a vowel is added:

et program	programmer	et medlem	medlemmer
programmet	programmene	medlemmet	medlemmene

But:

et system	systemer	et problem	problemer
systemet	systemene	problemet	problemene

D. Some nouns with irregular plural forms (*Uregelmessige flertalls former*)

entall		flertall	
ubestemt	*bestemt*	*ubestemt*	*bestemt*
ei bok	boka	bøker	bøkene
en fot	foten	føtter	føttene
en bonde	bonden	bønder	bøndene
en mann	mannen	menn	mennene
en nordmann	nordmannen	nordmenn	nordmennene
--	--	klær	klærne
et kne	kneet	knær	knærne
ei tå	tåa	tær	tærne
et tre	treet	trær	trærne
en mor	moren	mødre	mødrene
en bror	broren	brødre	brødrene

en far	faren	fedre	fedrene
en datter	datteren	døtre	døtrene
en søster	søsteren	søstre	søstrene
et teater	teatret	teatre	teatrene
et barn	barnet	barn	barna
et bein	beinet	bein	beina
en natt	natten	netter	nettene
ei strand	stranda	strender	strendene
en hånd	hånden	hender	hendene
en kraft	kraften	krefter	kreftene
en sko	skoen	sko	skoene
en ting	tingen	ting	tingene
en feil	feilen	feil	feilene
ei ski	skia	ski	skiene
et sted	stedet	steder	stedene
et øye	øyet	øyne	øynene
en genser	genseren	gensere	genserne

E. The possessive form of nouns and names (*Eiendomsformer*)

The possessive of nouns and proper names may be formed in two ways:

1. by adding **-s** (but no apostrophe) to the noun or name and following it with the *indefinite* form of the object possessed:

guttens værelse	(the boy's room)
Sveins bok	(Svein's book)
lærerens stol	(the teacher's chair)
studentenes bøker	(the students' books)

2. by following the *definite* form of the object owned with a prepositional phrase, usually **til** plus the owner:

værelset til gutten	(the boy's room)
boka til Svein	(Svein's book)
stolen til læreren	(the teacher's chair)
bøkene til studentene	(the students' books)

    (This form is now the most commonly used.)

F. Omission of the indefinite article (*Utelatelse av ubestemt artikkel*)

1. The indefinite article is omitted with *occupations* and *nationalities* in phrases of the type: He/She is a _____ :

Han er lærer.	He is a teacher.
Hun er journalist.	She is a journalist.
Er du nordmann?	Are you a Norwegian?

If an adjective is present, however, the article is used:

Han er en god lærer.   He is a good teacher.
Hun er en berømt journalist. She is a famous journalist.

2. The indefinite article is frequently omitted when the stress is on the *general action* rather than on a particular noun:

Kjører du bil?   Do you drive a car?
Vi spiser ofte på restaurant. We often eat at a restaurant.
Jeg skriver brev til ham nå.   I'm writing a letter to him now.

II. PERSONAL PRONOUNS (*PERSONLIGE PRONOMENER*)

A. Subject and object forms (*Subjekt og objekt*)

Entall

	subjekt	*objekt*
1st person:	**jeg** (I)	**meg** (me)
2nd person:	**du** (you)	**deg** (you)
	De (you, formal)	**Dem** (you, formal)
3rd person:	**han** (he)	**ham** (him)
	hun (she)	**henne** (her)
	den / det (it)	**den / det** (it)

Flertall

subjekt	*objekt*
vi (we)	**oss** (us)
dere (you)	**dere** (you)
de (they)	**dem** (them)

1. *You*: Note that **du** may be used only when singular "you" is the *subject* of the sentence. **Deg** is the object form. **Dere** is used when addressing more than one person. The form **De/Dem** is rapidly disappearing from the language.

2. *It*: **Det** is used for all genders in both singular and plural when the noun is mentioned by name in the clause in which the pronoun appears. **Den** is used when referring to an **en** or **ei** noun that is not mentioned in the clause in which it occurs.

Vi så filmen.   We saw the film.
Den var om Norge.   It was about Norway.
Det var en god film. It was a good film.

Jeg ligger på senga. I am lying on the bed.
Den står ved vinduet. It stands by the window.
Det er senga til Svein. It is Svein's bed.

Han skriver brevet.	He is writing the letter.
Det er på norsk.	It is in Norwegian.
Det er et norsk brev.	It is a Norwegian letter.
Han skriver brevene.	He is writing the letters
De er på norsk.	They are in Norwegian.
Det er norske brev.	They are Norwegian letters.

3. In addition to meaning "it is," **det er** may mean:

"that is" (when **det** is stressed): *Det er et vindu.*
(That is a window.)
"there is": *Det er et vindu i klasseværelset.*
(There is a window in the classroom.)
"there are": *Det er fire vinduer i klasseværelset.*
(There are four windows in the classroom.)

B. Reflexive pronouns (*Refleksive pronomener*)

	entall	**flertall**
1st person	*Jeg vasker meg.*	*Vi vasker oss.*
	(I wash myself.)	(We wash ourselves.)
2nd person	*Du vasker deg.*	*Dere vasker dere.*
	De vasker Dem. - formal	(You wash yourselves.)
	(You wash yourself.)	
3rd person	*Han vasker seg.*	*De vasker seg.*
	(He washes himself.)	(They wash themselves.)
	Hun vasker seg.	
	(She washes herself.)	
	Den/Det vasker seg.	
	(It washes itself.)	

1. Note that the object and reflexive forms are identical for all except the 3rd person where **seg** may mean "himself," "herself," "itself," or "themselves" depending on the subject of the clause in which it appears.

2. There are many verbs that are reflexive in Norwegian but not necessarily in English. Some examples:

å vaske seg - to wash
å like seg - to like it, enjoy oneself, like being (somewhere)
å legge seg - to lie down; go to bed
å reise seg - to stand up
å forsyne seg - to help oneself (to food)
å føle seg - to feel
å sette seg - to sit down
å glede seg - to look forward to
å kose seg - to enjoy oneself, feel delight
å skynde seg - to hurry
å gifte seg - to get married

C. Possessive pronouns (*Eiendomspronomener*)

1. *Forms*

Entall	*en*	*ei*	*et*	*flertall*
1st person (my)	min	mi	mitt	mine
2nd person (your)	din	di	ditt	dine
(your-formal)	Deres	Deres	Deres	Deres
3rd person (his)	hans	hans	hans	hans
(her)	hennes	hennes	hennes	hennes
(its)	dens/dets	dens/dets	dens/dets	dens/dets

Flertall				
1st person (our)	vår	vår	vårt	våre
2nd person (your)	deres	deres	deres	deres
3rd person (their)	deres	deres	deres	deres

2. *Formation of the possessive construction*

The possessive construction may be formed in two ways:

(1) By following the *definite* form of the object owned with the possesive pronoun:

værelset mitt	my room
boka hans	his book
stolen min	my chair
brevene våre	our letters

This is the most commonly used form.

(2) By placing the possessive pronoun before the *indefinite* form of the object owned:

mitt værelse	my room
hans bok	his book
min stol	my chair
våre brev	our letters

This form tends to be used when stressing ownership and when dealing with abstract concepts:

Dette er ikke <u>din</u> stol, den er <u>min</u>.
> (This is not your chair, it is mine.)

Vi lærte om byen og <u>dens</u> historie.
> (We learned about the town and its history.)

D. Reflexive possessive (*Refleksiv*)

The reflexive possessive form is used when the subject owns the object(s):

Jeg har pennen <u>min</u>, boka <u>mi</u>, kartet <u>mitt</u> og pengene <u>mine</u> her.
Du har pennen <u>din</u>, boka <u>di</u>, kartet <u>ditt</u> og pengene <u>dine</u> her.
De har pennen <u>Deres</u>, boka <u>Deres</u>, kartet <u>Deres</u> og pengene <u>Deres</u> her.
Han har pennen <u>sin</u>, boka <u>si</u>, kartet <u>sitt</u> og pengene <u>sine</u> her.
Hun har pennen <u>sin</u>, boka <u>si</u>, kartet <u>sitt</u> og pengene <u>sine</u> her.

Vi har pennen <u>vår</u>, boka <u>vår</u>, kartet <u>vårt</u> og pengene <u>våre</u> her.
Dere har pennen <u>deres</u>, boka <u>deres</u>, kartet <u>deres</u> og pengene <u>deres</u> her.
De har pennen <u>sin</u>, boka <u>si</u>, kartet <u>sitt</u> og pengene <u>sine</u> her.

Note that the reflexive possessive is identical with the regular possessive in all except the 3rd person. Thus **sin -- si -- sitt -- sine** may mean "his," "her," "its," or "their" depending on the subject of the clause in which it occurs. The form used is determined by the gender and number of the object owned:

Hun
Han } sitter i stua <u>si</u> med barna <u>sine</u> og snakker om huset <u>sitt</u>.
De

Depending on the subject chosen, this sentence means one of the following:
<u>She</u> is sitting in <u>her</u> living room with <u>her</u> children talking about <u>her</u> house.
<u>He</u> is sitting in <u>his</u> living room with <u>his</u> children talking about <u>his</u> house.
<u>They</u> are sitting in <u>their</u> living room with <u>their</u> children talking about <u>their</u> house.

III. OTHER PRONOUNS (*ANDRE PRONOMENER*)

A. Demonstrative pronouns (*Påpekende pronomener*)

	<u>en nouns</u>	<u>et nouns</u>
Entall:	**den** (that)	**det** (that)
	denne (this)	**dette** (this)
Flertall:	**de** (those)	**de** (those)
	disse (these)	**disse** (these)

1. The noun immediately following a demonstrative is in the definite form:

<u>den</u> <u>stolen</u> (that chair)   <u>denne</u> <u>stolen</u> (this chair)
<u>det</u> bild<u>et</u> (that picture)   <u>dette</u> bild<u>et</u> (this picture)
<u>de</u> stol<u>ene</u> (those chairs)   <u>disse</u> bild<u>ene</u> (these pictures)

2. When demonstratives are being used to indicate objects immediately following a form of the verb **å være**, the **et** form of the demonstrative is used regardless of the gender or number of the noun:

Dette er en fin bil.   This is a fine car.
Det er vår datter.   That is our daughter.
Det er gode barn.   Those are good children.

B. The relative pronoun "som" (*Det relative pronomenet "som"*)

Som may mean "who," "whom," "which," "that," or "as" (conjunction):
Jeg har en bror som bor i USA.
        (I have a brother who lives in the U.S.)
Det er mannen (som) jeg så i går.
        (That is the man (whom) I saw yesterday.)
Fløybanen er et lite tog som går til toppen av fjellet.
        (Fløybanen is a little train which goes to the top of the mountain.)
Det er noe (som) han har gjort.
        (That is something that he has done.)
Dette fjellet er ikke så høyt som det andre. (conjunction)
        (This mountain is not as tall as the other one.)

1. Note that *som* may be omitted when it is not the subject of its clause (as in the second and fourth examples.)

2. Do not confuse the relative pronoun *som* (that) with the conjunction *at* (that):
        Jeg tror at dette er toget som går til toppen av fjellet.
        (I think *that* this is the train *that* goes to the top of the mountain.)

        Rule of thumb: **Som** will usually follow a noun or pronoun; **at** will usually follow a verb.

C. Indefinite pronouns (*Ubestemte pronomener*)

man, en - one, a person
    Man vet aldri hvordan det skal gå.
        (One never knows how it will go.)
    En kan reise på mange måter i Norge.
        (One can travel in many ways in Norway.)
noen - someone, anyone, (somebody, anybody)
    Kjenner du noen som kommer fra Norge?
        (Do you know anyone who comes from Norway?)
    Noen har vært her.
        (Someone has been here.)
noe - something, anything
    Har du lyst på noe å spise?
        (Do you want something to eat?)
ingen - nobody, no one
    Det var ingen der jeg kjente.
        (There was no one there I knew.)
ikke noe - nothing
    Han sa ikke noe før han gikk.
        (He said nothing before he left.)
mange - many
    Mange liker å studere norsk.
        (Many like to study Norwegian.)
andre - others
    Andre liker ikke å gjøre det.
        (Others don't like to do it.)

alle - everyone, everybody
> _Alle_ hadde det hyggelig.
>> (Everybody had a good time.)

alt - everything
> _Gjestene spiste alt._
>> (The guests ate everything.)

IV. ADJECTIVES (_ADJEKTIV_)

Adjectives are words that modify or describe nouns and pronouns.

A. The indefinite form (_Ubestemt form_)

1. _General rules for formation and use:_
The indefinite form of the adjective must agree in gender and number with the noun or pronoun it modifies. The dictionary form is used with **en** and **ei** nouns, a **-t** is normally added to that form when the adjective is modifying a singular **et** noun, and **-e** is added to the dictionary form when the adjective is modifying plural nouns of all genders:

en stor gutt	**ei stor klokke**	**et stort hus**	**store byer**
(a big boy)	(a big clock)	(a big house)	(big cities)

The indefinite form of the adjective is used when the adjective:
   (a) stands alone before a noun: _store gutter._
   (b) is preceded by an indefinite article: _en stor gutt._
   (c) is used predicatively: _Gutten er stor._

2. _Some adjectives whose form varies from the norm:_

(a) Adjectives ending in a _double consonant_ reduce it to a single one when adding the **-t** for the **et** form:

> **en grønn stol   ei grønn dør   et grønt hus   grønne stoler**

(b) Adjectives ending in a _stressed vowel_ add a double **-t** in the neuter form:

> **en ny stol   ei ny dør   et nytt hus   nye stoler**

(c) Adjectives ending in **-ig** do not add **-t** in the neuter form:

> **en hyggelig dag   ei hyggelig stue**
> **et hyggelig hus   hyggelige dager**

(d) Adjectives ending in **-sk** which have _more than one syllable_ or which refer to _nationality_ add no **-t** in the neuter form:

> **en fantastisk dag   ei fantastisk stue**
> **et fantastisk hus   fantastiske dager**

> **en norsk stol   ei norsk klokke**
> **et norsk hus   norske stoler**

(e) Adjectives ending in **-t** *preceded by another consonant* do not add **-t** in the neuter form:

en trøtt mann   **ei trøtt kone**   **et <u>trøtt</u> barn**   **trøtte menn**
en kjent mann   **ei kjent kone**   **et <u>kjent</u> barn**   **kjente menn**

(f) Adjectives ending in **-el, -er,** and **-en** lose the **-e** in the plural form, and a double consonant preceding that **-e** is reduced to a single one:

en sulten mann   **ei sulten kone**
en gammel mann   **ei gammel kone**
en vakker dame   **ei vakker kone**

       et sultent barn   **<u>sultne</u> menn**
       et gammelt barn   **<u>gamle</u> menn**
       et vakkert barn   **<u>vakre</u> mennesker**

(g) Adjectives ending in an *unstressed* **-e** remain unchanged in all forms:

en stille dag   **ei stille stue**   **et <u>stille</u> sted**   **stille steder**
(**Bra** follows this same pattern)

(h) The present participle may be used as an adjective. It is formed by suffixing **-ende** to the stem of the verb:

imponerende (impressive)   **smilende** (smiling)

(i) The past participle may also be used as an adjective. In the predicate position it does not change form regardless of the number or gender of the noun modified:

Butikken er <u>stengt</u>.   (The store is closed.)
Butikkene er <u>stengt</u>.   (The stores are closed.)

When used attributively the participle adds the usual **-e** ending in the plural and definite forms:

stengte butikker   (closed stores)
den stengte butikken   (the closed store)

3. *Irregular adjectives:*

en annen dag   **ei anna** gate   **et annet** hus   **andre** bøker
en liten gutt   **ei lita** bok   **et lite** hus   **små** bøker
hvilken gutt   **hvilken** gate   **hvilket** hus   **hvilke** bøker
vår egen stol   **vår egen** bok   **vårt eget** hus   **våre egne** bøker

en blå stol   **ei blå** dør   **et blått** hus   **blå** stoler
en grå stol   **ei grå** dør   **et grått** hus   **grå** stoler

B. The definite form

1. *Formation*:

The definite form of the the adjective is identical with the indefinite plural form:

store byer   **den store** byen
(large cities)   (the large city)

The only exception is the adjective <u>liten</u>, which has the special definite singular form <u>**lille**</u>:

en liten gutt   ei lita stue
den <u>**lille**</u> gutten   den <u>**lille**</u> stua

      et lite hus   små byer
      det <u>**lille**</u> huset   de <u>små</u> byene

2. *Use*:

The definite form of the adjective is used:

(a) *after the definite article:*

den **store** byen   the large city
den **store** klokka   the large clock
det **store** huset   the large house
de **store** byene   the large cities

Note that there is, in this construction, an extra definite article for the adjective (**den, det or de** depending on the gender and number of the noun) as well as the usual post-positive definite article suffixed to the noun. The construction is often referred to as the **"double definite."**

(b) *after demonstrative pronouns:*

denne **store** byen   this large city
den **store** byen   that large city
dette **store** huset   this large house
det **store** huset   that large house

(c) *after possessives:*

Sveins **store** værelse   Svein's large room
min **store** familie   my large family

(d) *in expressions where the adjective's definite article has been omitted:*

hele dagen   all day
neste dagen   the next day
første gang   the first time

(5) *in names and forms of address:*

Lillebror	Little brother
Kjære mor	Dear mother, (letter)
gamle Bergen	old Bergen

V. VERBS (*VERB*)

A. Principal parts and tenses (*Vebets former og tider*)

1. The *infinitive* (*infinitiv*) is a tenseless form of the verb. It is the form listed in dictionaries and wordlists. It ends in an unstressed *-e* or a stressed vowel. The infinitive is used:

(a) with the infinitive marker **å** (to):

å spise	to eat
å gå	to go

(b) with modal auxiliaries:

Jeg vil spise.	I want to eat.
Jeg må gå.	I have to go.

(c) with *la + object*:

La meg spise.	Let me eat.
La oss gå.	Let's go.

2. The *present tense* (*presens*) is formed by adding **-r** to the infinitive:

Jeg spiser	I eat.
Han går.	He goes.

Exceptions:
   vet is the present tense of **å vite** (to know)
   sier is the present of **å si** (to say)
   spør is the present of **å spørre** (to ask)
   gjør is the present of **å gjøre** (to do)

A present tense Norwegian verb may be translated three ways into English:

	I eat
Jeg spiser	I do eat
	I am eating

3. The *imperative* (*imperativ*) or command form is made by dropping the unstressed **-e** (if there is one) from the infinitive:

Spis!	Eat!
Gå!	Go!

This form (infinitive minus **-e**) is also known as the *stem* of the verb.

Imperative of reflexive verbs: Since the subject of a command is understood to be 'you', the reflexive pronoun **deg** or **dere** is included in the command form of reflexive verbs:

Skynd deg!	Hurry! (addressing one person)
Sett dere!	Sit down! (addressing more than one)

4. *The 4 principal parts* of a verb are as follows:

infinitive (infinitiv)	*present (presens)*
å spise (to eat)	**spiser** (eat, eats)
å gå　(to go)	**går** (go, goes)

imperfect (imperfektum)	*past participle (partisipp)*
spiste (ate)	**spist** (eaten)
gikk (went)	**gått** (gone)

5. *The present perfect tense* (*perfektum*) is formed by combining **har** (the present tense of **å ha**) with the past participle (*partisipp*):

Jeg <u>**har spist**</u>.	I have eaten.
Han <u>**har gått**</u>.	He has gone.

6. *The imperfect tense* (imperfektum) may, like the present tense, be translated three ways into English:

	I ate.
Jeg <u>spiste</u>.	I did eat.
	I was eating.

7. *The past perfect tense* (*pluskvamperfektum*) is formed by combining **hadde** (the past tense of **å ha**) with the past participle:

Jeg <u>**hadde spist**</u>.	I had eaten.
Han <u>**hadde gått**</u>.	He had gone.

8. *Future time* (*futurum*) may be expressed in several ways in Norwegian:

(a) **skal** or **vil** plus the infinitive:
Jeg <u>**skal spise**</u> **seinere.**
    (I am going to eat later.)
Tror du det <u>**vil regne**</u> **i morgen?**
    (Do you think it will rain tomorrow?)

(b) Present tense (when future meaning is clear from the context):
Hun <u>**reiser**</u> **til Norge i morgen.**
    (She is traveling to Norway tomorrow.)

(c) **Kommer til** + infinitive:
<u>**Kommer**</u> **vi** <u>**til å**</u> **se deg igjen?**
    (Will we see you again?)
Jeg <u>**kommer**</u> **aldri** <u>**til å**</u> **glemme dette.**
    (I'll never forget this.)

B. Weak verbs (*Svake verb*)

Weak verbs are those which add endings in order to form the past (imperfect) tense, e.g., "to walk," "walk*ed*." There are four classes of weak verbs in Norwegian, determined by which ending is added to the stem of the verb when forming the past tense. Verbs may add:

(1) **-te** to form the imperfect and **-t** to form the participle:
    å spise - spiste - spist   to eat

Verbs of this type having a double consonant before the final **-e** reduce the double consonant to a single one when adding the endings:
    å bestille - bestilte - bestilt   to order

Related verbs:

å spørre - spurte - spurt	to ask
å gjøre - gjorde - gjort	to do
å fortelle - fortalte - fortalt	to tell
å telle - talte - talt	to count
å vite - visste - visst	to know
å selge - solgte - solgt	to sell
å ha - hadde - hatt	to have

(2) **-et** to form the imperfect and **-et** to form the participle:
    å snakke - snakket - snakket   to speak

(3) **-dde** to form the imperfect and **-dd** to form the participle:

å bo - bodde - bodd	to live
å sy - sydde - sydd	to sew

Verbs whose infinitives end in a stressed vowel normally form their tenses this way.

(4) **-de** to form the imperfect and **-d** to form the participle:

å eie - eide - eid	to own
å prøve - prøvde - prøvd	to try

Verbs whose stems end in **-ei** or **-v** frequently form their tenses this way.

C. Strong verbs (*Sterke verb*)

Strong verbs are those which do not add an ending to form the imperfect tense. They often exhibit a vowel change between tenses, e.g., "to sing," "sang". The following is a list of strong verbs arranged according to the pattern of their vowel change. (Note that the compound verbs follow the same pattern as their root verb.)

(1) *x-y-z*

å drikke	**drakk**	**drukket**
å finne	**fant**	**funnet**
å forsvinne	**forsvant**	**forsvunnet**
å vinne	**vant**	**vunnet**

å binde	bandt	bundet
å stikke	stakk	stukket
å synge	sang	sunget
å skjære	skar	skåret
å bære	bar	båret
å stjele	stjal	stjålet
å slippe	slapp	sloppet
å fryse	frøs	frosset
å bryte	brøt	brutt
å hjelpe	hjalp	hjulpet

(2) *x-y-x*

å stå	stod	stått
å forstå	forstod	forstått
å slå	slo	slått
å gå	gikk	gått
å få	fikk	fått
å ligge	lå	ligget
å sitte	satt	sittet
å bli	ble	blitt
å gi	gav	gitt
å omgi	omgav	omgitt
å se	så	sett
å være	var	vært
å be	bad	bedt
å renne	rant	rent
å brenne	brant	brent
å le	lo	ledd
å dra	drog	dratt
å ta	tok	tatt
å la	lot	latt

(3) *x-y-y*

å skrive	skrev	skrevet
å si	sa	sagt
å legge	la	lagt

(4) *x-x-x*

å komme	kom	kommet
å sove	sov	sovet
å løpe	løp	løpt
å falle	falt	falt
å holde	holdt	holdt
å beholde	beholdt	beholdt

D. Modal auxiliaries (*Modale hjelpeverb*)

1. *Usage, tenses, and meaning*

Modal auxiliaries are verbs that change the mood or mode of the action in a sentence. The verb with which they appear is always the infinitve.

(a) å kunne (to be able to)	**kan** (can) (is able to)	**kunne** (could) (was able to)	**har kunnet** (has been able to)
(b) å skulle (to be going to) (to be supposed to)	**skal** (is going to) (shall) (is supposed to)	**skulle** (was going to) (should) (was supposed to)	**har skullet** (has been going to) (has been supposed to)
(c) å ville (to be willing to) (to want to)	**vil** (will) (is willing to) (wants to)	**ville** (would) (was willing to) (wanted to)	**har villet** (has been willing to) (has wanted to)
(d) å måtte (to have to) (has to)	**må** (must) (has to)	**måtte** (had to)	**har måttet** (has had to)
(e) å burde	**bør** (ought to)	**burde** (ought to)	**har burdet**
(f) å få (to be permitted to)	**får** (may) (is permitted to)	**fikk** (might) (was permitted to)	**har fått** (has been permitted to)

Note: **Bør** expresses a somewhat stronger compulsion than **burde**.

2. *Omission of the verb of motion*

When the modal auxiliaries **å skulle**, **å ville**, and **å måtte** (in any tense) are combined with a destination, the verb of motion is often omitted:

Jeg <u>vil til Norge</u>. (I want to go to Norway.)
Han <u>måtte hjem.</u> (He had to go home.)
In a question the interrogative **hvor** may serve the function of a destination, allowing the following construction:
<u>Hvor skal</u> dere i kveld? (Where are you going this evening?)

E. Passive Voice (*Passiv*)

In a passive sentence, the subject is the recipient of the action rather than the performer of it:

Jens washes the floor.   (active)
The floor is washed by Jens.   (passive)

1. "å bli" + *the past participle:*

Golvet <u>blir vasket</u> av Jens.   (present)
          (The floor *is being washed* by Jens.)
Note that the tense of **blir** determines the tense of the sentence, and that
this construction may be used in all tenses:
Golvet <u>ble vasket.</u>   (past)
          (The floor was being washed.)
Golvet <u>har blitt vasket.</u>   (perfect)
          (The floor has been washed.)
Golvet må <u>bli vasket.</u>   (infinitive)
          (The floor must be washed.)

2. *infinitive* + -s:

Golvet <u>vaskes</u> av Jens.
          (The floor *is washed* by Jens.)
Golvet må <u>vaskes</u> hver dag.
          (The floor must *be washed* every day.)
Note that this form is both the present tense and infinitive form.
The s- passive tends to be used for general or repetitive acts, while the
passive with **bli** is more often used for specific events:
Golvet <u>vaskes</u> ikke ofte, men i dag <u>blir</u> det <u>vasket</u> godt.
          (The floor isn't washed often, but today it is being washed well.)

VI. ADVERBS *(ADVERB)*

A. Function *(Funksjon)*

Adverbs are words that denote time, manner, or place. They may modify:
1. *verbs:* **Jeg besøker ham <u>ofte</u>.** (I visit him *often.*)
2. *adjectives:* **Han er <u>svært</u> snill.** (He is *very* kind.)
3. *other adverbs:* **De snakker <u>for</u> fort.** (They speak *too* fast.)

B. Formation *(Form)*

Some adverbs are formed from the corresponding adjectives using the neuter
(et) form:

Han er en god venn. Jeg kjenner ham <u>godt.</u>
          (He is a good friend. I know him *well.*)
Vi gikk en lang tur. Vi gikk <u>langt.</u>
          (We took a long hike. We walked *far.*)

C. Adverbs of location and motion (*Påsteds- og tilstedsadverb*)

Some adverbs have two forms; one indicates *location at* a place, the other indicates *motion to* that place:

	opp.		oppe.	(up)
	ned.		nede.	(down)
	ut.		ute.	(out)
Han går	inn.	Hun er allerede	inne.	(in)
	hjem.		hjemme.	(home)
	bort.		borte.	(away)
	hit.		her.	(here)
	dit.		der.	(there)

The first six adverbs in the above list may be combined with **hit/her** or **dit/der** to form a compound adverb:

Han går <u>dit ut.</u>   **Hun er allerede <u>her oppe.</u>**
         (out there)   (up here)

Note that both adverbs in the compound must be in the same form (either location or motion) and that the word order in the Norwegian construction is the reverse of the word order in its English counterpart.

D. Modal adverbs (*Modale adverb*)

When not stressed, the words **da, nok, jo, vel, visst** and **nå** serve to express various modifications of a statement. Approximate translations of these adverbs when used in this way are as follows:

<u>**nok**</u> -- "all right," "probably," "to be sure"

<u>**vel**</u> -- " I suppose," "no doubt," "of course" (more emphatic than **nok**)

<u>**da**</u> -- "certainly"

<u>**jo**</u> -- "you know," "of course"

<u>**nå**</u> -- "after all," "really"

<u>**visst**</u> -- "surely"

VII. COMPARISON OF ADJECTIVES AND ADVERBS (*GRADBØYING*)

A. Formation (*Form*)

1. The comparative form is made by adding **-ere**, and the superlative form by adding **-est** to the dictionary or positve form:

positve	*comarative*	*superlative*
(postive)	*(komparativ)*	*(superlativ)*
høy	**hø<u>yere</u>**	**høy<u>est</u>**
(high)	(higher)	(highest)

2. Adjectives and adverbs ending in **-ig** add only **-st** in the superlative form:

billig	**billigere**	**billig<u>st</u>**
(cheap)	(cheaper)	(cheapest)

3. An **-e** is added to the superlative form when it appears:

   (a) *after a definite article*:
   den billigste bilen   **det høyeste fjellet**
   (the cheapest car)   (the tallest mountain)

   (b) *after a possessive:*
   min beste venn   **Larsens høyeste sønn**
   (my best friend)   (Larsen's tallest son)

   (c) *after a demonstrative:*
   dette høyeste fjellet   **denne billigste stolen**
   (this highest mountain)   (this cheapest chair)

4. Adjectives ending in **-el, -er,** and **-en** drop the **-e** in both the comparative and superlative forms; if a double consonant precedes the **-e,** it is reduced to a single one in these forms:

travel	**travlere**	**travlest**	(busy)
vakker	**vakrere**	**vakrest**	(beautiful)
sulten	**sultnere**	**sultnest**	(hungry)

5. Most words of three or more syllables form their comparative and superlative forms with **mer** and **mest:**

imponerende	**mer** imponerende	**mest** imponerende
moderne	**mer** moderne	**mest** moderne
interessant	**mer** interessant	**mest** interessant

B. Adjectives and adverbs with irregular comparative and superlative forms (*Unntak*)

stor	**større**	**størst**	(large)
liten	**mindre**	**minst**	(small)
god	**bedre**	**best**	(good)
vond	**verre**	**verst**	(bad)
ung	**yngre**	**yngst**	(young)
gammel	**eldre**	**eldst**	(old)
tung	**tyngre**	**tyngst**	(heavy)
nær	**nærmere**	**nærmest**	(near)
få	**færre**	**færrest**	(few)
mye	**mer**	**mest**	(much)
mange	**flere**	**flest**	(many)
lang	**lengre**	**lengst**	(long, adj)
langt	**lenger**	**lengst**	(long-distance, adv)
lenge	**lenger**	**lengst**	(long-time, adv)

C. Flere//mer -- flest//mest

Flere and **mer** both mean "more," **flest** and **mest** both mean "most," but they may not be used interchangeably. **Flere/flest** is used about countable entities, **mer/mest** is used about that which is not countable:

> **Han tok <u>flere</u> småkaker og <u>mer</u> kaffe.**
>> (He took more cookies and more coffee.)
>
> **De <u>fleste</u> bilene i Norge er små.**
>> (Most of the cars in Norway are small.)
>
> **Hvem spiste den <u>meste</u> maten?**
>> (Who ate the most food?)

D. "One" and its omission in Norwegian (*Adjektivet som substantiv*)

"One" is used frequently in English to replace a noun that has been mentioned already. In Norwegian the adjective may be used alone, and the noun or word "one" is understood:

> **Vi har to biler, <u>en rød</u> og <u>en gul.</u>**
>> (We have two cars, a red *one* and a yellow *one*.)
>
> **Jeg liker <u>den røde</u> best.**
>> (I like the red *one* best.)
>
> **Det er mange værelser i hotellet. <u>De store</u> er dyrest.**
>> (There are many rooms in the hotel. The largest *ones* are most expensive.)

Note that the form of the article is determined by the gender of the noun that is understood, and that the definite form of the adjective is used. When referring to people, the definite article <u>den</u> is used (in the singular):

> **Er du <u>den yngste</u> eller <u>den eldste i familien</u>?**
>> (Are you the oldest (*one*) or the youngest (*one*) in the family?)

VIII. TYPES OF CLAUSES, CONJUNCTIONS, AND WORD ORDER (*KONJUNKSJONER OG ORDSTILLING*)

A. Independent and dependent clauses (*Hovedsetninger og bisetninger*)

An *independent* clause (*hovedsetning*) gives full meaning by itself.
A *dependent* clause (*bisetning*) depends on another clause to complete its meaning.

> **Vi skal besøke museene   når vi kommer til Oslo.**
>> (*hovedsetning*)   (*bisetning*)

B. Coordinating and subordinating conjunctions *(Sidordnende og underordnende konjunksjoner)*

Coordinating conjunctions join independent clauses. The following are coordinating conjunctions *(sideordnende konjunksjoner)*:

og	(and)
men	(but)
for	(for)
eller	(or)
så	(so)

Subordinating conjunctions introduce dependent clauses. The following are subordinating conjunctions *(underordnende konjunksjoner)*:

at	(that)	**mens**	(while)
da	(when)	**om**	(if)
enn	(than)	**når**	(when)
etter at	(after)	**selv om**	(even though)
fordi	(because)	**siden**	(since)
før	(before)	**som**	(as)
hvis	(if)	**til**	(until)
jo...jo	(the...the)		

C. Word order *(Ordstilling)*

1. Normal word order *(Vanlig ordstilling)*

Subject	*verb*	*other elements.*
Jeg	**ser**	**ham hver dag klokka elleve.**
I	see	him every day at eleven o'clock.

2. Inversion *(Inversjon)*

a. If an element other than the subject begins an independent clause, the verb remains as the second element and is followed immediately by the subject:

Non-subject -- verb -- subject -- other elements
Hver dag ser jeg ham klokka elleve.
Klokka elleve ser jeg ham hver dag.
Ham ser jeg hver dag klokka elleve.

b. In compound tenses the above rule is applied to the main (tense-showing/conjugated) verb:

Jeg <u>har</u> aldri sett ham før.
    (I have never seen him before.)
Ham <u>har</u> jeg aldri sett før.

c. A dependent clause may constitute the first element of the sentence. When this occurs, the subject and verb of the independent clause are inverted and a comma is placed after the dependent clause:

Han hilste på meg da jeg kom inn.
>   (He greeted me when I came in.)

Da jeg kom inn, hilste han på meg.

Note that the word order in the dependent clause is as follows:
Conjunction -- subject -- verb -- other elements.

3. *Other uses of inversion*

a. *Question formation.* A question (which does not begin with an interrogative) is formed by placing the conjugated verb first in the sentence:

Han <u>spiser</u> her hver dag.	**<u>Spiser</u> han her hver dag?**
(He eats here every day.)	(Does he eat here every day?)
Golvet <u>må</u> vaskes nå.	**<u>Må</u> golvet vaskes nå?**
(The floor must be washed now.)	(Must the floor be washed now?)
De <u>har</u> allerede gått.	**<u>Har</u> de allerede gått?**
(They have already gone.)	(Have they already gone?)

b. *Expressing conditions.* Conditions may be expressed with <u>hvis</u> or by placing the conjugated verb first in the sentence:

<u>Hvis</u> det <u>regner</u> i morgen, skal vi ikke til byen.
<u>Regner</u> det i morgen, skal vi ikke til byen.
>   (If it rains tomorrow, we won't go to town.)

4. *Negation and the placement of "ikke"*

a. In an *independent* clause, <u>ikke</u> comes immediately *after* the conjugated verb:

Han kommer <u>ikke</u> hit hver dag.
>   (He doesn't come here every day.)

Vi har <u>ikke</u> spist ennå.
>   (We haven't eaten yet.)

Han vil <u>ikke</u> komme hit hver dag.
>   (He doesn't want to come here every day.)

b. When a **pronoun** is present, it normally intrudes between the verb and **ikke**:

Jeg kjenner <u>ikke</u> Svein.	**Jeg kjenner ham <u>ikke</u>.**
(I don't know Svein.)	(I don't know him.)

In compound tenses, however, the adverb remains "locked" between the two parts of the verb whether or not a pronoun is present:

Jeg har <u>ikke</u> sett Svein.	**Jeg har <u>ikke</u> sett ham.**
(I haven't seen Svein.)	(I haven't seen him.)

If the pronoun is to receive special emphasis, **ikke** is placed before it:
> **Jeg kjenner henne, men jeg kjenner ikke ham.**
> (I know her, but I don't know him.)

The above rules apply to questions as well:
> **Kjenner ikke Svein deg?**   (**ikke** immediately following the verb)
> **Kjenner du ikke Svein?**   (pronoun between verb and **ikke**.)

c. In a *dependent* clause, **ikke** comes immediately *before* the verb:

> **Jeg gikk hjem da han ikke kom til kontoret.**
> (I went home when he didn't come to the office.)

The model of word order in a dependent clause expanded to include adverbs is as follows:
> *Conjunction -- subject -- adverb -- verb -- other elements.*

5. *Placement of other adverbs of time and degree*

What has been said about the placement of **ikke** applies also to the following adverbs:

aldri	(never)	**nettopp**	(just now, just)
alltid	(always)	**noen gang**	(ever)
bare	(only, just)	**nå**	(now)
dessverre	(unfortunately)	**ofte**	(often)
endelig	(finally)	**også**	(also)
gjerne	(gladly)	**snart**	(soon)
nesten	(almost)	**særlig**	(especially)
		vanligvis	(usually)

IX. WAYS OF EXPRESSING "-ING" IN NORWEGIAN

A. *Å holde på med* may be used to express that an action takes place over an extended period of time:

> **Jeg holder på med å skrive brev.**
> (I am writing letters.)

B. Two conjugated verbs joined by *og* may also be used to express extended time:

> **Jeg sitter og skriver brev.**
> (I am writing letters.)

C. The present participle (formed by adding *-ende* to the verb stem) may be used as an adjective or adverb, but never as a verb:

> **Den smilende gutten kom løpende bort til meg.**
> (The smiling boy came running over to me.)
> But: **Han smilte.**   (He was smiling.)
>   **Han løp.**   (He was running.)

D. A preposition plus an infinitive:

Han gikk <u>uten å</u> si et ord.
    (He left *without* say*ing* a word)
Vis at du forstår historien <u>ved å</u> svare på noen spørsmål.
    (Show that you understand the story *by* answer*ing* some
    questions.)
Er du <u>glad i å</u> reise?
    (Are you *fond of* travel*ing*?)
Hun <u>gleder seg til å</u> se ham igjen.
    (She is *looking forward to* see*ing* him again.)
Er du <u>trøtt av å</u> lese nå?
    (Are you *tired of* read*ing*/study*ing* now?)
De er alltid <u>interessert i å</u> høre nytt om Norge.
    (They are always *interested in* hear*ing* news about Norway.)
Er du <u>ferdig med å</u> skrive brevet?
    (Are you *finished* writ*ing* the letter?)

E. Infinitive alone:

<u>Å reise</u> interesserer meg. (Traveling interests me.)
<u>Å danse</u> er gøy.   (Dancing is fun.)

F. Present tense and past tense:

Jeg <u>spiser</u>.   (I am eating.)
Han <u>spiste</u>.   (He was eating.)

X. MISCELLANEOUS (*LITT AV HVERT*)

A. Numbers (*Tall*)

  1. Cardinal numbers (*Grunntall*)

    a. The new counting system:

1 en (ei, ett)	13 tretten	30 tretti
2 to	14 fjorten	40 førti
3 tre	15 femten	50 femti
4 fire	16 seksten	60 seksti
5 fem	17 sytten	70 sytti
6 seks	18 atten	80 åtti
7 sju	19 nitten	90 nitti
8 åtte	20 tjue	100 hundre
9 ni	21 tjueen	127 hundre og tjuesjue
10 ti	22 tjueto	200 to hundre
11 elleve		1000 tusen
12 tolv		0 null

b. The older counting system. (Numbers in the older counting system are identical with the ones above except for):

7 syv	20 tyve	30 tredve

The method of combining numbers above 20 also differs in the older system:

21 en og tyve	33 tre og tredve
22 to og tyve	44 fire og førti

(etc.)

Many Norwegians continue to use this system.

2. Ordinal numbers (*Ordenstall*)

1. første
2. annen/annet/andre

3. tredje	13. trettende	30. trettiende
4. fjerde	14. fjortende	40. førtiende
5. femte	15. femtende	50. femtiende
6. sjette	16. sekstende	60. sekstiende
7. sjuende	17. syttende	70. syttiende
8. åttende	18. attende	80. åttiende
9. niende	19. nittende	90. nittiende
10. tiende	20. tjuende	100. hundrede
11. ellevte	21. tjueførste	105. hundre og femte
12. tolvte	25. tjuefemte	200. to hundrede
		1000. tusende

a. The ordinal numbers are formed by suffixing **-ende** to most of the numbers (**-de** is added to numbers already ending in **-en**). This is also true in the older system:

7. syvende		
20. tyvende	but:	30. tredevte

b. In the old system ordinal numbers above twenty are formed as follows:

21. en og tyvende
33. tre og tredevte
45. fem og førtiende

c. A *period* after a number denotes an ordinal number.

B. Dates (*Datoer*)

In Norwegian the day always precedes the month:
den første mars   den 1. mars   den 1/3

Months (Månedene)

januar	april	juli	oktober
februar	mai	august	november
mars	juni	september	desember

Days of the week (*Ukedagene*)
>   **mandag**
>   **tirsdag**
>   **onsdag**
>   **torsdag**
>   **fredag**
>   **lørdag**
>   **søndag**

Note that the names of neither the months nor the days are capitalized in Norwegian.

C. Time expressions *(Tidsuttrykk)*

1. *For how long: i; på*

i en time -- "for an hour"
i ti år -- "for ten years"
i ni måneder -- "for nine months"
i tre uker -- "for three weeks"

ikke på en time -- "not for/in an hour"
ikke på ti år -- "not for/in ten years"
ikke på ni måneder -- "not for/in 9 months"
ikke på tre uker -- "not for/in 3 weeks"

2. *How long ago: for. . .siden*

for en uke siden -- "a week ago"
for lenge siden -- "a long time ago"
for en time siden -- " an hour ago"
for to år siden -- "two years ago"

3. *How soon: om*

om en uke -- "in a week"
om et par timer -- "in a couple of hours"
om en måned -- "in a month"

4. *Present or near present time (specific time): i + indefinite form.*

i dag -- "today"
i kveld -- "this evening," "tonight (before midnight)"
i år -- "this year"
i går -- "yesterday"
i morges -- "this morning"
i morgen -- "tomorrow"
i sommer -- "this summer," "last summer"
i ettermiddag -- "this afternoon"
i natt -- "tonight," "last night (after midnight)"
i fjor -- "last year"

5. *During what time (general time):* **om + definite form**

<u>om</u> dag<u>en</u> -- "during the day," "in the daytime"
<u>om</u> kveld<u>en</u> -- "during the evening," "in the evening (before midnight)"
<u>om</u> ettermiddag<u>en</u> -- "in the afternoon"
<u>om</u> morgen<u>en</u> -- "in the morning"
<u>om</u> sommer<u>en</u> -- "during the summer," "in the summer"
<u>om</u> natt<u>en</u> -- "at night," "during the night (after midnight)"
<u>om</u> år<u>et</u> -- "during the year"

6. *Telling time:* **Hvor mange er klokka? Hva er klokka?** (What time is it?)

1.00 **Klokka er** <u>ett</u>
1.10 **Klokka er ti** <u>over</u> **ett.**
1.15 **Klokka er** <u>kvart over</u> **ett.**
1.20 **Klokka er ti** <u>på halv</u> **to.**
1.30 **Klokka er** <u>halv</u> **to.**
1.40 **Klokka er ti** <u>over halv</u> **to.**
1.45 **Klokka er** <u>kvart på</u> **to.**
1.50 **Klokka er ti** <u>på</u> **to.**

a. *The 24-hour clock.* "AM" and "PM" are not used in Norwegian. If a "PM" time is to be indicated on scedules or in contexts where there might be confusion, 12 hours are added to the time:

5:00 PM = **17.00**
8:00 PM = **20.00**
11:30 PM = **23.30**

b. *Exact versus approximate time*
Han kommer <u>klokka åtte</u>. "He is coming *at 8 o'clock.*"
(*note*: there is no word for "at" in the exact time construction.)
Han kommer <u>ved åtte tiden</u>. "He is coming *around 8 o'clock.*"

D. **Special problems for speakers of English**

1. *To know -- å vite // å kjenne*

å vite - vet - visste - har visst
(used about knowing facts)
å kjenne - kjenner - kjente - har kjent
(used about being acquainted with a person or place)

Jeg <u>vet</u> **han kommer fra Norge, men jeg** <u>kjenner</u> **ham ikke.**
(I know that he comes from Norway, but I don't know him.)

2. *To think -- å tro // å synes // å tenke*

When using the verb "think," first decide if what is being described is (a) the subject's belief about a matter of fact, (b) the subject's opinion or taste based on personal experience, or (c) the subject's actual thought process.

If it is (a), use *å tro - tror - trodde - har trodd:*
   Jeg <u>tror</u> han har skrevet ei bok.
   (I think he has written a book.)

If it is (b), use *å synes - synes - syntes - har synes:*
   Jeg <u>synes</u> boka er god.
      (I think the book is good.)
(Note that **Jeg <u>tror</u> boka er god** is also possible. This sentence would indicate that the subject has no personal experience on which to form an opinion, i. e., has not read the book.)

If it is (c), use *å tenke - tenker - tenkte - har tenkt:*
   Jeg <u>tenker</u> ofte <u>på</u> boka.
      (I often think about the book.)

3. *Then -- da // så*

   Da is used about events that occur simultaneously:
   Jeg var i Norge i fjor. <u>Da</u> lærte jeg mye norsk.
      (I was in Norway last year. At that time, I learned a lot of
      Norwegian. (I learned a lot of Norwegian then.)
   Så is used about successive events:
   Jeg var i Oslo først. <u>Så</u> reiste jeg til Bergen.
      (I was in Oslo first. Then I traveled to Bergen.)

a. Note that when **da** and **så** act as adverbs they cause inversion if they come as the first element of an independent clause.

b. **Så** and **da** may also act as conjunctions. Acting as conjuctions, they do not cause inversion. When acting as a conjucnction **så** is best translated "so" and **da** "when":

   Jeg likte meg ikke i Oslo, <u>så</u> jeg reiste til Bergen.
      (I didn't like it in Oslo, so I went to Bergen.)
   Jeg besøkte mange interessante steder <u>da</u> jeg var i Oslo.
      (I visited many interesting places when I was in Oslo.)

4. *When -- da // når*

   Da is used when referring to a single event in the past:
   <u>Da</u> jeg var tre år gammel, reiste familien min til Norge.
      (When I was three years old, my family traveled to Norway.)
   Når is used when referring to repetitive events in the past (in the meaning of "whenever") and for all present and future events:
   <u>Når</u> jeg er i Norge, har jeg det alltid hyggelig.
      (When I am in Norway, I always have a good time.)
   <u>Når</u> de var i Norge, hadde de det alltid hyggelig.
      (When/Whenever they were in Norway, they always had a good
      time.)
   <u>Når</u> jeg kommer til Norge, skal jeg besøke slektningene mine.
      (When I get to Norway, I am going to visit my relatives.)

a. When **da** and **når** are conjunctions they cause no inversion.

b. **Når** may also act as an interrogative adverb in which case it does cause inversion:

> **Når reiser du til Norge?**
> (When are you traveling to Norway?)

5. *Both -- både // begge*

Begge is a pronoun, standing for a noun or pronoun.
Både is a conjunction. It joins two things together.
> **Jeg hilser på både Solveig og Liv.**
> (I greet both Solveig and Liv.)
> **Jeg hilser på begge pikene.**
> (I greet both the girls.)

6. *Long -- lang // langt // lenge*

Lang (adjective) describes the physical length of something:
> **Hvor lang er denne gata?** (How long is this street?)

Langt (adverb) tells how far:
> **Hvor langt reiste dere?** (How far did you travel?)

Lenge (adverb) tells how long a time:
> **Vi satt og ventet lenge.** (We sat and waited a long time.)
> **Hvor lenge var dere borte?** (How long were you away?)

7. *Ask -- å be // å spørre // å stille*

å be - ber - bad - har bedt -- "to ask," "invite," "request"
> **Vertinnen bad gjestene til bords.**
> (The hostess asked the guests to the table.)
> **Har han noen gang bedt henne ut?**
> (Has he ever asked her out?)
> **De bad meg (om å) skrive brevene.**
> (They asked me to write the letters.)

"Om å" adds an extra dimension of deference to the request.

å spørre - spør - spurte - har spurt -- "to ask," "inquire," "interrogate"
> **Verten spurte om gjesten brukte sukker i kaffen.**
> (The host asked if the guest used sugar in his coffee.)
> **De har spurt om jeg kan komme.**
> (They have asked if I can come.)
> **Vertinnen spurte om alle var forsynt.**
> (The hostess asked if everyone had had enough to eat.)

å stille - stiller - stilte - har stilt -- "to ask," "pose a question"
> **Gjestene stilte verten mange spørsmål om turen hans.**
> (The guests asked the host many questions about his trip.)

8. *If -- hvis // om*

Hvis is normally used when stating conditions:
> **Hvis jeg hadde mange penger, ville jeg reise til Norge.**
> (If I had a lot of money, I would go to Norway.)

Om must be used when "if" could be replaced by "whether":
> **Vet du <u>om</u> de er i Norge ennå?**
>> (Do you know if they are in Norway yet?)
> **De spurte <u>om</u> han hadde vært i Norge før.**
>> (They asked if he had been in Norway before.)

9. *Get -- å få // å bli // å komme // å hente*

When *get* means "receive," use *få*:
> **Han <u>får</u> mange brev.**
>> (He gets a lot of letters.)

When *get* means "become," use *bli*:
> **Jeg håper vi ikke <u>blir</u> syke.**
>> (I hope we don't get sick.)

When *get* means "come," use *komme*:
> **Når <u>kom</u> du hjem i går kveld?**
>> (When did you get home last night?)

When *get* means "fetch" use *hente*:
> **Han gikk til reisebyrået for å <u>hente</u> billettene.**
>> (He went to the travel bureau to get the tickets.)

10. *Transitive and intransitive verbs*

a. *to grow -- å dyrke // å vokse*
> **Bonden <u>dyrker</u> hvete. Hveten <u>vokser</u> bra.**
>> (The farmer is growing wheat. The wheat is growing well.)

b. *to wake up -- å vekke // å våkne*
> **Reidar <u>våkner</u> først og så <u>vekker</u> han kona si.**
>> (Reidar wakes up first and then he wakes up his wife.)

c. *to sit down // to sit -- å sette seg // å sitte*

> **Du kan <u>sette deg</u> her. Vi <u>sitter</u> der borte.**
>> (You can sit down here. We are sitting over there.)

Because the expression "to sit down" is reflexive in Norwegian, the transitive verb **å sette** is used (taking the object **seg**) rather than the intransitive **å sitte**.

d. *to lie down // to lie -- å legge seg // å ligge*
> **Jorunn <u>legger seg</u> på senga. Hun <u>ligger</u> på senga nå.**
>> (Jorunn lies down on the bed. She is lying on the bed now.)

As is the case with "to sit down," "to lie down" is a reflexive construction in Norwegian and uses the transitive verb **å legge**.

11. *To -- til // å // for å // til å*

Til is a preposition:
> **Han reiser <u>til</u> Norge.** (He is going to Norway.)
> **Hun skriver <u>til</u> meg.** (She writes to me.)

Å is the infinitive marker; it is used with the infinitive form of the verb:
> **Han liker <u>å</u> reise <u>til</u> Norge.**
>> (He likes to go to Norway)

Hun lærer å snakke norsk.
(She is learning to speak Norwegian.)

Note that when a modal auxilliary is present, the meaning "to" is contained within the modal and thus **å** is not used:

Han må reise til Norge. (He has to go to Norway.)
Han vil reise til Norge. (He wants to go to Norway.)
Hun skal lære norsk. (She is going to learn Norwegian.)
Hun kan snakke norsk. (She is able to speak Norwegian.)
For å is used when the meaning "in order to" is implied:
Han reiste til Norge for å lære norsk.
(He went to Norway to learn Norwegian.)
Hun lærer norsk for å kunne lese Ibsen.
(She is learning Norwegian to be able to read Ibsen.)
Til å is used in some fixed expressions, for example:

å ha lyst til å	(to want to)
å glede seg til å	(to look forward to)
å ha tid til å	(to have time to)
å grue seg til å	(to dread to)

12. *A little -- litt // en liten - ei lita - et lite*

Litt means "a small quantity of," "some," or "a little bit."
Jeg snakker litt norsk.
(I speak a little Norwegian.)
Maten er litt dyr i Norge.
(Food is a little expensive in Norway.)
Liten - lita - lite mean "little" or "small;" they describe the size of an object:
Han har en liten familie. De bor i et lite hus med ei lita stue.
(He has a little family. They live in a little house with a little living room.
En liten pike spiser litt sjokolade.
(A little girl is eating a little chocolate.)

Note *lille* and *små* also mean "little." **Lille** is the definite singular form and små is used in all plural forms:
Mange små barn bor i det lille huset der borte.
(Many little children live in the little house over there.)

13. *After -- etter // etter at*

Etter is a preposition; it takes an object.
Etter frokost kan vi gå til byen.
Etter at is a conjunction; it is followed by a subject and verb.
Etter at vi spiser frokost, kan vi gå til byen.

14. *To make -- å lage // å gjøre (en) trist, glad // å gjøre feil // å få (en) til å (gjøre noe)*

Hva skal vi lage til middag? (to make, prepare)
Denne fortellingen gjorde meg glad. (to make happy, sad)
Gjorde du mange feil med oppgaven? (to make mistakes)
Denne fortellingen fikk meg til å le. (to make someone laugh)

15. *All -- all // hele*

In the singular, the adjective **all-alt** is used with uncountable nouns: **all maten**, (all the food), **alt ølet** (all the beer);
hele is used with countable nouns: **hele dagen** (all day), **hele måneden** (all month), **hele natten** (all night). Note also: **hele tiden** (all the time).

16. *To be*

(a) *Å være // bli*
    Være is used when the verb "to be" is active:
        Bildet var godt. (The picture was good.)
    Bli is used when the verb "to be" is passive:
        Bildet ble tatt av Tom. (The picture was taken. . .)
    Bli is also used to express "being" in the future:
        Vil det bli vanskelig å ta et bilde til? (Will it be difficult...)

(b) Idioms:

    Å ha rett - to be right
        Du hadde rett, prisene var høye. (You were right . . .)
    Å ta feil - to be wrong
        Jeg tok feil, han var ikke der. (I was wrong . . .)
    Å ha det bra - to be fine
        Hvordan har han det? Han har det bra. (How is he? He's fine.)

XI. INDIRECT DISCOURSE (*INDIREKTE TALE*)

Direct discourse (*direkte tale*) is used when quoting a speaker's exact words:
«**Jeg har ikke spist i dag**». Indirect discourse (*indirekte tale*) is used when paraphrasing what a speaker has said: **Han sa at han ikke hadde spist den dagen.** Note these changes that occur between direct and indirect discourse:

A. Pronouns: indirect discourse uses only the third person.

B. Verb tenses: indirect discourse uses one tense earlier than the tense of the direct quotation. If the direct quotation is in the present tense, indirect discourse uses the past:
    «**Jeg forstår ikke dette,**» sa hun.
    Hun sa at hun ikke forstod det.

If the direct quotation is in the past tense, indirect discourse uses the past perfect:
    «**Jeg spiste ikke frokost,**» sa han.
    Han sa at han ikke hadde spist frokost.

C. Adverbs: Since the indirect discourse uses subordinate conjunctions, principally "at," adverbs following the conjunction precede the verb:
    «**Jeg har ikke spist frokost,**» sa han.
    Han sa at han ikke hadde spist frokost.

D. Time expressions: Expressions specifying time in the direct quotation are made more relative in the indirect discourse:

Han sa at han ikke hadde spist <u>den dagen</u>.

XII. EXTENDING ACTION IN TIME (*Å UTVIDE HANDLINGEN I TID*)

To indicate that an action takes place over an extended period of time, Norwegian may

A. Add an extra verb (usually **å sitte, å gå, å ligge, å stå**):
Jeg satt og skrev brev da telefonen ringte. (I was writing letters ...)

B. Use the expressions **holde på med å** or **å drive på med**:
Jeg holdt på med å skrive brev ... (I was writing letters ...)
Hva driver du på med? (What are you doing?)

C. Using **bli** and the past participle:
Jeg ble sittende og skrive selv om telefonen ringte. (I continued writing ...)

Grammatikken i bruk -- (å drive på med, ordstilling, passiv med -s, osv.):

REPETISJON

Repetisjon

I. VELKOMMEN HIT!

A. Sosial kontakt

1. Hilsner

God dag.
Hei.
Morn.
Takk for sist.
Takk for i går.
God morgen.
God kveld.

Jeg heter ...
Navnet mitt er ...
Hva heter du?
Hva er navnet ditt?
(Det er) hyggelig å hilse på deg.
Hyggelig å treffe deg.
Takk i like måte.
Likeså.

Hvordan har du det?
Hvordan går det? / Åssen går det?
Hvordan står det til?

— At vi skulle få en sønn som er så flink i språk!

2. Reaksjoner

Det var hyggelig / leit / trist / fælt / godt (å høre).
Æsj! / Uff! / Fy! / Au! / Søren også! / Hysj! / Øj! / Filler'n
Hurra!/Supert!/Flott! / Knæsj! / Koselig!
Stilig! / Kult! / Tøft!
Alle tiders! / Ålreit! / Så gøy! / Artig!
Jeg også.
Ikke jeg heller.
Jeg er enig/uenig (med deg i det). Enig! Helt enig!
Så interessant / hyggelig / leit / trist!
Du verden! / Sier du det? / Jaså?
Det er jo helt bak mål!
Det spiller ingen rolle.
Er du gal?
Tull!
Hva sa du (for noe)?
Hva mener du med det?

3. Gode ønsker

Lykke til!
Håper det går bra.
Ha det hyggelig/gøy!

Stå på!
Gratulerer!
Gratulerer med dagen!

4. Unnskyldninger og svar

Unnskyld.
Jeg beklager.
Om forlatelse.
Det gjør ikke noe.
Helt i orden.
Det går bra.

5. Kompliment og takk

Det var nydelig / vakkert / kjempefint.
Så nydelig / vakkert / fint det var!
Du snakker godt norsk.
Så godt norsk du snakker!
Så flink du er til å snakke norsk!

Takk.
Mange takk.
[Mange] tusen takk.
Takk skal du ha.

Vær så god.
[Det var] bare hyggelig.
Takk i like måte.
Ingen årsak.
Selv takk.
Ingenting å takke for.

Maten var deilig / nydelig.
Takk for maten.
Vel bekomme.

6. Farvel

Adjø.
Takk for nå / i dag / i kveld.
Ha det bra.
Ha det.
Morn da.
Vi sees.
Vi snakkes.

B. I klasseværelset

1. For å få informasjon

På hvilken side?
Hva betyr . . .?
Hvordan sier vi . . . på norsk?

2. **Forvirring og unnskyldning**

    Unnskyld. Jeg forstår ikke.
    Kunne du si det en gang til?
    Kunne du forklare det litt mer?

3. **Reaksjoner**

    Det var (for) vanskelig / lett.
    Dette var (forferdelig) interessant / kjedelig / morsomt / trist.
    Et øyeblikk. Jeg trenger mer tid til å tenke på det.
    (Se også reaksjoner i A ovenfor.)

4. **Andre nyttige ord og uttrykk:**

    Slå det opp i ordboka.
    Kunne jeg få lukke døra / trekke ned gardinet / gå ut litt?
    Jeg har glemt så mye.
    Det husker jeg ikke (dessverre).
    Det har jeg (dessverre) glemt.
    Jeg vet ikke.

5. **Hva læreren sier:**

    Kan du skrive det på tavla? [Ja, det kan jeg. / Nei, det kan jeg
        (dessverre) ikke.]
    Vi arbeider i par / små grupper på tre/fire.
    Kan du spørre sidemann?
    Kan du prøve dette med sidemannen?

C. **Spørreord**

    Hva
    Hvor
    Hvordan
    Hvorfor
    Når
    Hvem
    Hvem sin (si, sitt, sine)

© United Feature Syndicate, Inc./PIB

II. SUBSTANTIVET (Se seksjon I i grammatisk oversikt):

Husker du hva disse ordene betyr?

SKOLEN	HUSET
en blyant	en dusj
en elev	en etasje
en ferie	en kjeller
en forelesning	en komfyr
en gutt	en kommode
en kafeteria	en lenestol
en lærer (lærere)	en peis
en penn	en sofa
en pike	en vask
en pult	
en skole	et bad
en student	et badekar
en time	et fjernsyn
en vegg	et hus
	et kaffebord
et bibliotek	et kjøkken
et bord	et kjøleskap
et golv	et rom
et klasseværelse	et skap
et kritt	et skrivebord
et) papir	et soveværelse
et semester (semestre)	et speil
et) skrivepapir	et teppe
et vindu	et toalett
ei bok (bøker)	ei lampe
ei jente	ei seng
ei klokke	ei spisestue
ei tavle	ei stue
	ei trapp
	møbler

TIL DAGENS "VIS OG FORTELL" HAR JEG TATT MED MIN BRORS HUND--

DET KUNNE BLI EIT AV MITT LIVS STØRSTE FEILGREP...

FAMILIEN

en bror (brødre)
en datter (døtre)
en far (fedre)
en fetter (fettere)
en kusine
en kvinne
en mann (menn)
en mor (mødre)
en niese
en nevø
en onkel (onkler)
en sønn
en søster (søstre)

et barn
et ektepar
et menneske

ei kone
ei tante

besteforeldre
foreldre
søsken

KLÆR

en bluse
en frakk
en genser (gensere)
en kjole
en kåpe
en sko (sko)
en sokk
en strømpe

et skjerf
et skjørt
et) undertøy

ei jakke
ei lue
ei skjorte

bukser
hansker
olabukser
votter

MAT

en) aftens
en appelsin
en banan
en) blomkål
en) fisk
en) formiddagsmat
en) frokost
en gaffel (gafler)
en) kaffe
en kelner (kelnere)
en kniv
en kopp
en) kål
en lunsj
en) mat
en) melk
en) middag
en) ost
en potet
en regning
en skje
en tallerken
en) te
en tomat
en) vin

et) brød
et egg
et eple
et glass
et) kjøtt
et måltid
et) pålegg
et rundstykke
et smørbrød
et spisekart
et) øl

ei brødskive
ei flaske
ei kake
ei saft
ei pære

erter
grønnsaker
gulrøtter

BYEN

en avis
en bil
en bokhandel (bokhandler)
en buss
en by
en bygning
en ekspeditrise
en ekspeditør
en forretning
en kino
en kiosk
en kirke
en kolonial
en konsert
en kunde
en leilighet
en park
en vei

et hjem
et hotell
et kart
et kontor
et museum (museer)
et område
et postkontor
et reisebyrå
et sted (steder)
et torg
et tre (trær)

ei gate

MÅNEDER

januar
februar
mars
april
mai
juni
juli
august
september
oktober
november
desember

TID

en aften
en dag
en ettermiddag
en formiddag
en helg
en kveld
en morgen
en måned
en natt (netter)
en stund
en time
en uke

et døgn
et minutt
et sekund
et år
et øyeblikk

ei klokke

VÆR

en himmel (himler)
en) høst
en) regn
en sky
en) snø
en) vind
en) sommer (somrer)
en temperatur
en) vinter
en) vår
en årstid

et klima

ei sol

UKEDAGER

mandag
tirsdag
onsdag
torsdag
fredag
lørdag
søndag

Skriftlig oppgave: Skriv noen linjer om:

1. Skolen du går på.

2. Huset til familien din.

3. Familien din.

4. Hva du har på deg i dag.

5. Hva slags mat du liker å spise, og om hva du ikke liker å spise.

6. Byen hvor du bor.

7. Været i dag.

8. Hvilken årstid du liker best og hvorfor.

Muntlig Øvelse: Nevn så mange ting du kan.

1. Hva kan en kjøpe i en bokhandel?
2. Hva kan en kjøpe i en kolonial?
3. Hva kan en finne i et kjøleskap?
4. Fortell om rommet ditt her på skolen.
5. Fortell om klasserommet hvor du lærer norsk.
6. Fortell hvilke måltider du spiser hver dag og hva du pleier å spise til dem.

III. VERBET:

Hvem er du: Fyll inn.

1. Jeg liker best å _____
2. Jeg bor _____
3. Jeg pleier å legge meg _____
4. Jeg står opp _____
5. Jeg studerer _____
6. Jeg liker meg best _____
7. Jeg liker ikke _____
8. Jeg besøker ofte _____
9. Jeg leser helst _____
10. Jeg har reist til _____
11. Jeg arbeider _____
12. Jeg husker _____
13. Jeg vil helst glemme _____
14. Jeg håper _____
15. Jeg venter på _____
16. Jeg skriver _____
17. Jeg spiser _____

A. Svake verb (Se seksjon V i grammatisk oversikt):
Husker du de fire klasser av svake verb?

1a. å besøke (-te, -t)
    å betale
    å bruke
    å høre
    å kjøpe
    å kjøre
    å lese
    å lære
    å reise
    å smake (på)
    å spille
    å spise
    å studere
    å svare
    å vite

1b. å begynne (begynte, har begynt)
    å bestille
    å glemme

2. å arbeide (-et, -et)
    å danse
    å handle
    å huske
    å håpe
    å klippe
    å koste
    å lage
    å lukke
    å miste
    å takke
    å vente
    å åpne

3. å bety (-dde,-dd)
    å bo
    å skje
    å tro

4. å eie (-de, -d)
    å leie
    å leve
    å pleie
    å prøve

Her er noen uregelmessige svake verb: (Fyll inn formene som mangler.)

infinitiv	presens	imperfektum	perfektum	(det betyr)
å fortelle				
	selger			
		spurte		
			har visst	
				to have

B. Sterke verb: (Se seksjon V C i grammatisk oversikt)
Husker du alle disse verbene? (Fyll inn formene som mangler:)

infinitiv	presens	imperfektum	perfektum	(det betyr)
å være	er		har vært	(to be)
		forstod	har forstått	
å stå				
	kommer			to come
		skrev		to write
å gå			har gått	
	sover	sov		
å se			har sett	
	drikker	drakk		
		sa		to say
å finne			har funnet	
å få				to get
	tar		har tatt	
	ble			to become
å bære			har båret	

Hva har svake verb som sterke verb ikke har? _____

C. Pluskvamperfektum: (time before the past tense)

Jeg var i Norge i sommer. Jeg *hadde* aldri *vært* der før.
Jeg så ikke filmen fordi jeg *hadde* sett den før.

Oppgave: Bruk pluskvamperfektum.

f.eks.- Hun leste avisen. Hun sovnet.
Etter at hun hadde lest avisen, sovnet hun. _____

Han gjorde hjemmeleksene. Han la seg.
Etter at _____.

De betalte regningen på restauranten. De gikk på kino.
Etter at _____

Vi spiste middag. Vi vasket opp.
Etter at _____

Fortell om to ting du gjorde etter hverandre i går:
Etter at jeg _____

Øvelse med verb:

Jeg vil gjerne <u>besøke</u>   Jeg <u>besøkte</u> slektningene mine i fjor.
     slektningene mine.
   reise til Norge.   _____
   bo på landet.   _____
   kjøpe en bil.   _____
   arbeide på en gård.   _____
   skrive ei bok.   _____
   gå på ski.   _____
   se manger filmer.   _____

<u>Skriver</u> du brevene nå?   Nei, jeg <u>har</u> allerede skrevet brevene.
Leser du boka nå?   _____
Begynner du på jobben nå?   _____
Klipper du håret nå?   _____
Forteller du historien nå?   _____
Går du på ski nå?   _____
Drikker du melk nå?   _____
Ser du på bildene nå?   _____

Har du <u>solgt</u> <u>huset</u>?   Ja, jeg solgte det i går.
   fortalt historien?   <u>fortalte den</u>_____
   sett filmen?   _____
   tatt bildene?   _____
   drukket melken?   _____
   skrevet brevet?   _____
   gjort leksa?   _____
   besøkt slektningene dine?   _____
   kjøpt bilen?   _____
   lest boka?   _____

Liker du å <u>gjøre</u> lekser?   Ja, jeg <u>gjør</u> ofte hjemmelekser.
Liker du å <u>være</u> her?   Ja, jeg <u>er</u> <u>ofte</u> her.
   å besøke slektningene dine?   _____
   å spille gitar?   _____
   å spise frokost alene?   _____
   å spise grønnsaker?   _____
   å kjøpe bøker?   _____

Hvem er du?

1. Hva gjorde du i går? Nevn fem ting.
2. Har du noen gang bodd på en gård?
3. Har du noen gang reist til et fremmed land?
4. Hva liker du å gjøre når du har fritid? Nevn tre ting.
5. Har du sett noen gode filmer siden skolen begynte?
6. Hva vil du gjøre til helgen?

D. Modale hjelpeverb: (Se seksjon V D i grammatisk oversikt)
Sett inn verbet i parentes og oversett til engelsk:

Jeg skriver brev. (må)
Jeg må skrive brev.   I have to write letters.

1. Hun snakker norsk. (vil)

2. Han fant ikke bøkene. (kunne)

3. Jeg tok bildene. (ville)

4. Så du deg omkring? (fikk)

5. Sier du det til ham? (skal)

6. Gikk de hele veien til byen? (måtte)

Skriv formene som mangler:

presens	(engelsk)		imperfektum	(engelsk)
får				(got to)
	(going to)		skulle	
	(want to)		ville	
må				(had to)
kan				(could)

GRYNT

HVIS DET VAR SLIK AT MAN SKULLE GÅ PÅ RØDT LYS ... DA VILLE ALLE ... ... GÅ PÅ GRØNT!

A-Magasinet

IV. ORDSTILLING: inversjon (Se seksjon VIII C 2 i grammatisk oversikt)

Oppgave: Skriv lesestykket om med de understrekede ord eller uttrykk først i
setningene. (Place the underlined word or phrase first in the sentence and
rearrange word order as necessary.)

På gården

Herr og fru Larsen bor på en gård. De har mange dyr der. De står tidlig opp hver

morgen for å stelle dyrene. De melker alltid kuene først. De reiser til byen noen

dager for å selge grønnsakene sine på torget. De møter ofte naboene sine der.

Hele familien pleier å spise middag sammen om ettermiddagen. Barna

vasker opp etterpå og så gjør de hjemmeleksene sine. Barna må legge seg klokka ni.

Foreldrene kan ta det med ro når barna har lagt seg.

Hvem er du?: Lag fem setninger som forteller om deg fra elementene her.
(Make changes as necessary so your statements really tell about you.)

På mandag	liker jeg å	gå på skole
På lørdag	pleier jeg å	se på TV
Om morgenen	må jeg	lese lekser
Om ettermiddagen	kan jeg ikke	gå på kino
Om kvelden	vil jeg ikke	spise frokost
Om vinteren	har jeg ikke tid til å	skrive brev
Om sommeren	har jeg ikke lyst til å	lage mat
Klokka ni	vil jeg gjerne	spille piano
Klokka halv seks		
I helgen		
I kveld		

f.eks. - Klokka halv seks må jeg lage mat.

1. _____
2. _____
3. _____
4. _____
5. _____

V. ADJEKTIVET (Se seksjon IV A i grammatisk oversikt)

Hvem er du? Bruk noen adjektiv som forteller om:
1. Klasseværelset
2. Værelset ditt
3. Læreren
4. Deg selv
5. Skolebøkene dine
6. Været i dag
7. Kursene dine
8. Skolen du går på

*Husker du disse adjektivene og hvordan vi bøyer dem?
  Fyll inn formene som mangler.

A. 1. dyr (-t, -e)

god	godt	gode	good
	kaldt		cold
		lange	long
	mørkt		dark
pen			nice (looking)
	stort		large
tung			heavy
		unge	young
varm			warm

2. grønn (grønt, grønne)

snill			kind
		sunne	healthy
	alt		all

B. gammel (gammelt, gamle)

sulten			hungry
	vakkert		beautiful
			open

C.

langsom	langsomt	langsomme	slow
morsom	morsomt	morsomme	
ny	nytt	nye	
blå	blått	blå	

D. 1. amerikansk (-, -e)

fantastisk _____   _____
_____   _____   Norwegian ___

2. berømt (-, -e)

interessant ____   _____
_____   _____   short _____
lett _____   _____   _____
opptatt _____   _____
_____   _____   last _____
stengt _____   _____   _____
trøtt _____   _____

3. billig (-, -e)

deilig _____   _____
_____   dårlige _____   _____
_____   ferdige _____
forskjellig ___   _____
_____   _____   pleasant, nice _
ledig _____   _____   _____
nydelig _____   _____
_____   _____   reasonable __
tidlig _____   _____
vanlig _____   _____
_____   vanskelige __   _____
_____   viktige _____   _____

E. Uregelmessige adjektiv:

| en) liten | ei) lita | et) lite | små -- *ubestemt form* |
| den) lille | den) lille | det) lille | (de) små - *bestemt form* |

| en) annen | ei) anna | et) annet | (den, de, det) andre |
| hvilken | hvilken | hvilket | hvilke |

F. Adjektivets bestemtform (Se seksjon IV B i grammatisk oversikt)

<u>det</u> store værels<u>et</u> (the large room)
<u>den</u> billige stol<u>en</u> (the cheap chair)
<u>den</u> interessante bok<u>a</u> (the interesting book)
<u>de</u> store værels<u>ene</u> (the large rooms)

<u>Det</u>, <u>den</u>, <u>de</u> er adjektivenes bestemte artikler.

Oppgave: Fyll inn formene som mangler.

Ubestemt	Bestemt
lange timer	de lange timene
et dyrt bilde	
	de unge foreldrene
et mørkt rom	
	den deilige maten
et lite bord	

Øvelse med adjektiv:

Er alle disse bøkene gode?   Nei, men her er ei god bok.
   disse appelsinene saftige?
   disse studentene trøtte?
   brevene viktige?
   værelsene ledige?
   bildene små?
   viduene store?
   barna syke?
   hotellene gode?
   eplene grønne?
   barna sultne?

Øvelse:

Jeg liker ikke boka.   Hvilken bok mener du?
Jeg liker ikke bildet.
   skuespillene.
   speilene.
   skrivebordene.
   stolen.
   klokka.
   stua.

Var båten stor?   Nei, den var liten.
Var dagen lang?   Nei, den var kort.
   bildet godt?   det var dårlig.
   huset lite?   det var stort.
   bilen ny?   den var gammel.
   prøven vanskelig?   den var lett.
   bøkene billige?   de var dyre.
   været varmt?   det var kaldt.
   mennene sterke?   de var svake.

Kom dere seint?   Nei, vi kom tidlig.
Var foreldrene gamle?   de var unge.
   stolen tung?   den var lett.
   klokka stor?   den var lita.
   værelsene store?   Nei, de var små.

VI. PRONOMENER (Se seksjon II i grammatisk oversikt)

<u>Oppgave</u>: Sett inn de riktige pronomenene

Leiligheten til Svein

f. eks. - Svein har kjøpt <u>seg</u> (Svein) en ny leilighet. <u>Den</u> (Leiligheten) er i
   byen. Svein liker <u>seg</u> (Svein) riktig godt i den nye leiligheten <u>sin</u> (til Svein).

   I kveld har han invitert noen venner hjem til _____ (Svein). Før de
kom, laget han noen kaker og fylte _____ (kakene) med krem. Nå sitter
gjestene i stua og spiser kakene _____ (til Svein). Svein synes kakene
_____ (til Svein) smaker godt og han er glad for at gjestene _____ (til
Svein) også liker _____ (kakene).
   Nå viser Svein gjestene de andre værelsene _____ (til Svein). Først går
de inn i soveværelset _____ (til Svein), men der ser de ikke noen seng. «Svein,
hvor er senga _____ (til Svein),» spør en av gjestene. «Jeg har bestilt
_____ (senga), men _____ (senga) har ikke kommet ennå,» svarer
Svein.
   En annen gjest spør, «Svein, hvor har du fjernsynet _____ (til Svein)?»
«_____ (Fjernsynet) er på kjøkkenet,» sier Svein. «Jeg pleier å se på
_____ (fjernsynet) mens jeg lager mat.»
   «Takk for i kveld,» sier gjestene når de går. «Det har vært en hyggelig kveld,
Svein, og det var artig å se den nye leiligheten _____ (til Svein).»
   «Takk for at _____ (gjestene) kom,» sier Svein til gjestene.

VII. ADVERBET (Se seksjon VI A and B i grammatisk oversikt)

Gjestene som ikke kom tidsnok

   Gjestene hadde *ennå ikke* kommet og tante Lisa var *svært* bekymret. De
hadde *aldri* vært *hjemme* hos henne før. Kanskje de *ikke* kunne finne leiligheten?
Dette var *ikke* venner hun så så *veldig ofte*, men hun gledet seg *stort* til å tilbringe
kvelden *sammen* med dem. På radioen hadde de *nettopp* fortalt om snøen som *nylig*
hadde begynt å falle. De sa at det *ikke* skulle komme *så veldig mye, bare omtrent et*
par tommer. Det ble sikkert *ikke nok* til å stoppe trafikken, sa de. *Utenfor* blåste
vinden *svært kaldt* og tante Lisa håpet at gjestene hennes *ikke* ville kjøre *for fort*, men
at de *allikevel* ville komme *snart*.
   Tiden gikk *langsomt*. *Nå* ønsket tante Lisa *sterkt* at hun *bare* visste hvor de
var. Hun ville *svært gjerne* høre telefonen eller dørklokka ringe for hun ble *mer* og
mer bekymret ettersom tiden gikk. *Nå* var det så mye snø og vind at tante Lisa *nesten*
ikke kunne se over gata.
   Endelig ringte telefonen. Det var gjestene som ringte for å si at de *dessverre*
ikke kunne komme. Været var *altfor* dårlig og det var *sikkert* best de *ikke* kom, men
det var *ikke* fritt for at hun ble *litt* skuffet *allikevel*.

   *Merk: I hovedsetninger kommer adverbet etter verbet, men i bisetninger
      kommer adverbet foran verbet. Dette vil vi komme tilbake til seinere.[1]

----

[1] Independent clauses (*hovedsetninger*) are those which give complete meaning in themselves; they
can stand alone. Adverbs follow the verb in independent clauses. Dependent clauses (*bisetninger*)
cannot stand alone; they depend on other clauses for their meaning. Adverbs come before the verb in
dependent clauses. Both types of clauses will be more thoroughly covered later.

A. Adverbets form:

1. Noen adverb er laget av adjektiv. Da bruker vi -et formen av adjektivet:

    Vinden blåste *kaldt*. . .
    Hun ønsket *sterkt*. . .
    Tiden gikk *langsomt*. . .
    Hun forstod *godt*. . .
    Hun hadde gledet seg *stort*. . .
    Det var *sikkert* best at de ikke kom. . .

2. Andre adverb er rene adverb:
    Kan du si hvilke av disse adverbene forteller *når*?

aldri_____	før_____	nylig_____
allerede_____	gjerne_____	ofte_____
alltid_____	igjen_____	omtrent_____
altfor_____	likevel_____	sammen_____
bare_____	litt_____	snart_____
dessverre_____	meget_____	svært_____
endelig_____	minst_____	så_____
ennå_____	mye_____	tidsnok_____
etterpå_____	nesten_____	utenfor_____
for_____	nettopp_____	vanligvis_____
fort_____	nok_____	veldig_____

B. Adverbets funksjon: Adverbene forteller "når," "hvor," eller "hvordan"

Når: Gjestene hadde *aldri* vært hjemme hos henne før.
Finn fire eksempler til fra teksten:

_____
_____
_____
_____

Hvordan: Hun gledet seg til å tilbringe kvelden *sammen* med vennene sine.
Finn fire eksempler til fra teksten:

_____
_____
_____
_____

Hvor: *Utenfor* blåste vinden svært kaldt.
(I denne teksten er det bare ett eksempel, men se på tilsteds- og
påstedsadverb som snart følger.)

Oppgave: Finn i teksten tre setninger hvor adverbene beskriver <u>verb</u>:

f.eks. - Tante Lisa ville <u>gjerne</u> høre fra gjestene sine.

1. _____
2. _____
3. _____

Finn i teksten tre setninger hvor adverbene beskriver <u>adjektiv</u>:

f.eks. - Tante Lisa var *svært* bekymret.

1. _____
2. _____
3. _____

Finn i teksten tre setninger hvor adverbene beskriver <u>adverb</u>:

f.eks. - Tante Lisa så ikke gjestene så *veldig* ofte.

1. _____
2. _____
3. _____

C. **Påsteds- og tilstedsadverb:** (Se seksjon VI C i grammatisk oversikt)

Oppgave: Sett inn den riktige formen av adverbet:

1. Er doktor Jensen _____ eller _____? (in//out)
2. Mor kom _____ for et øyeblikk siden. (home)
3. Var dere _____ i går kveld? (home)
4. Har du vært _____ med ham ennå? (out)
5. Naboene våre har vært _____ hele uken. (away)
6. Hva gjør du _____? (over there)
7. Er det noe interessant å gjøre _____? (down here)
8. La oss gå _____ og snakke med ham. (up there)
9. Hvor lenge har du vært _____? (in here)
10. Jeg har ikke vært _____, men jeg håper å reise _____ snart. (there)

D. **Hvem er du?**
    Sett inn aldri, sjelden, noen ganger, ofte, alltid slik at setningene forteller om deg.

f.eks. - Jeg står <u>sjelden</u> opp kl. 7 om morgenen.

1   Jeg spiser _____ frokost.
2. Jeg spiser _____ på restaurant.
3. Jeg pusser _____ tennene to ganger hver dag.
4. Jeg spiller _____ piano.
5. Jeg går _____ på kino.
6. Jeg går _____ på ski.
7. Jeg spiller _____ basketball.
8. Jeg kjører _____ fort.
9. Jeg legger meg _____ før klokka tolv.
10. Jeg er _____ ute og løper eller går.

VIII.   PÅPEKENDE PRONOMENER: (Se seksjon III A i grammatisk oversikt)

Oppgave 1: Fyll inn.

f.eks. Kan jeg få låne _den_ blyanten (der)?
1.   Vil du se på _____ bildene (her)?
2.   La oss henge _____ klokka (her) på veggen.
3.   Har du noen gang spist på _____ restauranten (her)?
4.   Kjenner du noen av _____ menneskene (der)?

Oversett til norsk: Husk at vi bruker bestemt form av substantiv med påpekende
pronomener:
f. eks. that house _det huset_
1.   this pen _____
2.   that hotel _____
3.   those desks _____
4.   this book _____
5.   these towns _____

HUSK at vi bruker bestemt form av adjektiv etter påpekende pronomen:
   denne gule blyanten

Oppgave 2: Sett inn riktig form av adjektivet.

1.   denne _____ byen (stor)
2.   den   _____ gata (lang)
3.   dette _____ bildet (vakker)

IX. SAMMENLIGNING: KOMPARASJON AV ADVERB OG ADJEKTIV
(Se seksjon VII A, B og C i grammatisk oversikt)

Hvem er du?

1.   Er du den eldste eller den yngste i familien din?
2.   Hvem i klassen er høyere enn deg? Hvem er kortere?
3.   Hvor mange av studentene i klassen er eldre enn deg?
     Hvor mange er yngre?
4.   Hva heter den største byen i staten der du bor?
5.   Vil du heller reise til Norge eller til Spania?
6.   Hvilket land i verden vil du helst besøke?
7.   Hvem i klassen bor nærmere skolen enn deg?
     Hvem bor lenger borte?
8.   Hvem i klassen har flere søsken enn du har?
9.   Hvilken student har flest søsken?
10. Hvem har vært her på skolen lenger enn deg?
11. Hvem kom seinere til timen i dag enn deg?
12. Hvem i klassen er like gammel som deg?

Husker du hvordan vi gradbøyer adjektiv og adverb?

Fyll inn formene som mangler:

(positiv)	(komparativ)	(superlativ)	(det betyr)

A. (-ere, -est)
1. adjektiv

kald	kaldere	kaldest	(cold)
dyr	____	____	( )
____	____	____	(strong)
svak	____	____	( )

2. adverb

seint	seinere	seinest	(late)
kaldt	____	____	( )
varmt	____	____	( )

B. (-ere, -st)

deilig	deiligere	deiligst	(delicious)
____	____	dårligst	( )
____	____	____	(important)
vanskelig	____	____	( )

C. uregelmessige former:
1. adjektiv

gammel	eldre	eldst	(old)
____	bedre	____	( )
____	____	størst	(large)
ung	____	yngst	( )
____	tyngre	____	(heavy)
____	mer	____	(much)
____	____	flest	(many)
vond	____	____	(bad)
____	lengre	____	( )
liten	____	minst	( )

2. adverb

lenge	lenger	lengst	(long-time)
langt	____	lengst	(long-distance)
vondt	verre	____	( )
gjerne	heller	helst	(gladly)

Hvordan sier du "than" på norsk? _____

HUSK bestemt form av adjektiv:
viktigst - most important   *det viktigste* - the most important
sterkest - strongest   *den sterkeste* - the strongest

Litt norsk geografi: Sett inn riktig form av riktig ord.[2]

f.eks. Det er mange fjell i Norge, men Galdhøpiggen er Norges
 <u>høyeste</u> (høy) fjell.
1. Den _____ (nordlig) byen i verden er i Norge, den heter
   Hammerfest.
2. Mjøsa er Norges _____ (stor) innsjø.
3. Den _____ (lang) elven i Norge heter Glomma, og
   Sognefjorden er landets _____ (lang) og _____ (dyp)
   fjord.
4. Av alle de mange fossene i Norge er Mardalsfossen _____
   (høy).
5. Oslo er _____ (stor) enn Bergen, men Bergen er en
   _____ (gammel) by enn Oslo.
6. Oslo er den _____ (stor) byen i Norge, men Tønsberg er den
   _____ (gammel).
7. Trondheim er også svært _____ (gammel), men det er en
   mye _____ (ung) by enn Tønsberg.
8. Selv om Tønsberg er _____ (liten) enn mange andre byer i
   Norge, er den allikevel en av de _____ (interessant) byene i
   Norge.
9. Norge er det _____ (liten) landet i Skandinavia (i
   befolkning).
10. Lindesnes er det _____ (sørlig) punkt i Norge, og Svalbard er
    landets _____ (nordlig) del.

(Se også "Norge - eventyrlandet" i antologien.)

—*Husk nå at du må gå til den
bensinstasjonen som ligger
på den andre siden av byen,
for der var bensinen bil-
ligst...*

© United Feature Syndicate, Inc./PIB

---

[2] Remember that the definite form of the adjective is used three places:
    1. after the definite article: *det viktigste spørsmålet* (the most important question),
    2. after demonstrative: *dette viktigste spørsmålet* (this most important question), and
    3. after possessive: *mitt viktigste spørsmål,* (my most important question).

Muntlige øvelser:

Vil du prøve denne blusen?	Nei kunne jeg få se på en annen bluse?
dette skjerfet?	_____
denne jakka?	_____
denne genseren?	_____
denne kjolen?	
disse buksene?	<u>Nei, kunne jeg få se på noen andre bukser?</u>
disse skoene?	_____
denne sofaen?	_____
denne skjorta?	_____
disse hanskene?	_____
disse vottene?	_____

Var maten deilig?	Ja, det var den deiligste maten jeg har spist.
eplene gode?	_____
appelsinene saftige?	_____
maten kald?	_____
middagen dyr?	_____
rundstykkene gamle?	_____
ertene store?	_____
tomatene små?	_____
bananene lange?	_____
brødet varmt?	_____

X. PREPOSISJONER:

Hvem er du?: Sett inn det riktige ordet. (As an oral exercise, work in pairs; each member of pair works with one set of questions.)

Partner A. F. eks. Er du gift? Hvem er du gift <u>med</u>?
1. Hva spiste du _____ frokost _____ dag?
2. Liker du best å reise _____ fly eller _____ buss?
3. Har du lyst _____ noe å spise?
4. Har du lyst _____ å gå _____ kino _____ kveld?
5. Hvordan går det _____ deg i dag?
6. Går du _____ skole eller studerer du _____ et universitet?
7. Har du vært hjemme _____ læreren?
8. Har du et kart _____ Norge?
9. Har du tenkt å reise til Norge _____ å lære mer norsk?
10. Er du glad _____ barn?

Partner B. F. eks. Skriver du <u>med</u> høyre eller venstre hånd?
1. Har du noen gang lest ei bok skrevet _____ norsk?
2. Var boka _____ Norge?
3. Liker du å høre _____ musikk mens du leser lekser?
4. Liker du å ta det _____ ro eller må du alltid ha noe å gjøre?
5. Bor du _____ første eller annen etasje?
6. Må jeg gå _____ venstre eller høyre for å komme til biblioteket?
7. Pleier du å spise lunsj _____ kafeteriaen?
8. Ligger Trondheim nord eller sør _____ Oslo?
9. Hvorfor heter Bergen "Byen _____ paraplyen"?
10. Hvorfor heter Bergen "Byen _____ fjellene"?

<u>Oppgave:</u> Hvor er det? *over, i, på, ved siden av, ved, under*

Se på bildet og sett inn det riktige ordet:

1. Piken sitter _____ lenestolen.
2. Lampa henger _____ bordet.
3. Klokka står _____ avisen.
4. Klokka står _____ bordet.
5. Stolen står _____ fjernsynet.
6. Bordet står _____ lampa.
7. Fjernsynet står _____ bordet.
8. Fjernsynet står _____ veggen.
9. Veggen er _____ fjernsynet.
10. Katten sitter _____ stolen.

XI. TIDSUTTRYKK (Se seksjon X C i grammatisk oversikt)

Hvem er du? Fyll inn:

1. Om ti år skal jeg bli _____ (adjektiv)
2. Om ti år skal jeg bli _____ (substantiv)
3. For ti år siden var jeg _____.
4. Jeg har vært her på _____ i _____.
   (skolens/stedets navn)
5. Jeg har ikke vært hjemme på _____.

A. i // på // for . . . siden // om

1. Klokka er seks. Jeg må reise halv sju. Jeg må reise _____ en halv time.
2. Klokka var ti. Jeg hadde ventet på ham siden klokka ni. Jeg hadde stått og ventet _____ en time.
3. Hva pleier du å gjøre ___ sommeren?
4. Pleier du å være hjemme_____kvelden? Kan jeg prøve å ringe _____ kveld?
5. Vi stod og snakket _____ mange timer for vi hadde ikke sett hverandre _____ (for/in) mange år.
6. Han hadde reist fra Norge _____mange år siden.

B. da // så   da // når

1. Bestemoren min kom til Amerika _____ (when she was) nitten år gammel.
2. _____ (Then -- at that time -- she understood) ikke engelsk.
3. Hun forstod ikke hva folk sa _____ (when they spoke) til henne på engelsk.
4. Hun bodde i New York først, _____ (then she traveled) til Wisconsin.
5. Hun likte seg ikke der _____ (so she traveled) til California.

C. i kveld // om kvelden (osv.)

F. eks. *Hva pleier du å gjøre om kvelden?* (. . .in the evening, during the evening)
Hva gjør du i kveld? (. . .this evening)
1. Jeg pleier å gjøre hjemmelekser _____ (in the afternoon), men _____ (this afternoon) må jeg til et møte.
2. Når pleier du å stå opp _____ (in the morning)? Når stod du opp _____ (this morning)?
3. Hvor sov de _____ (last night)? Hvor vil de sove _____ (tonight)? Det kom litt snø _____ (during the night).
4. Moren til barna arbeider _____ (during the day), men _____ (during the evening) er hun hjemme.
5. Har du alle forelesningene dine _____ (in the forenoon)?

HUSK: *I morgen* = tomorrow; *i morges* = this morning; *i natt* = last night <u>and</u> tonight; *natt - etter midnatt*; *kveld - før midnatt*
Sov du godt i natt?   Gikk du på kino i går kveld?

XII. LITT AV HVERT

A. Ordforråd: Motsetninger

Oppgave: Hva heter det motsatte av:

et tak _____	en fetter _____	åpen _____
en bror _____	en nevø _____	å stenge _____
en mor _____	barn _____	å finne _____
en datter _____	å selge _____	å sitte _____
en kvinne _____	å spørre _____	å komme _____
ei kone _____	å slutte _____	å gi _____
ei tante _____	å huske _____	lang _____
varm _____	dyr _____	god _____
vanskelig _____	sterk _____	tung _____
opptatt _____	stort _____	gammel _____
seint _____	billig _____	små _____
hans _____	ukjent _____	alle _____
før _____	med _____	ham _____
fra _____	over _____	foran _____

B. Logisk eller ulogisk? If sentences are not logical, change them so they become so.

1. Da jeg var barn, bodde jeg i Minnesota. I morgen reiser jeg til Minnesota for først gang.
2. Jeg er glad i å lære norsk. Jeg gleder meg til norsktimen.
3. Huset har bare en etasje. Det er tre soveværelser i annen etasje.
4. Jorunn spiser aldri frokost. Hun pleier å spise egg og brødskiver med pålegg til frokost.
5. Ingen av besteforeldrene til Svein lever. Mormoren til Svein bor i byen.
6. Jorunn spiser ikke kjøtt. Får-i-kål er det beste hun vet.
7. Svein har aldri hatt søsken. Han besøker ofte nevøene og niesene sine.
8. Oslo er hovedstaden i Norge. Det er den minste byen i landet.

© United Feature Syndicate, Inc./PIB

XIII. KRYSSORD

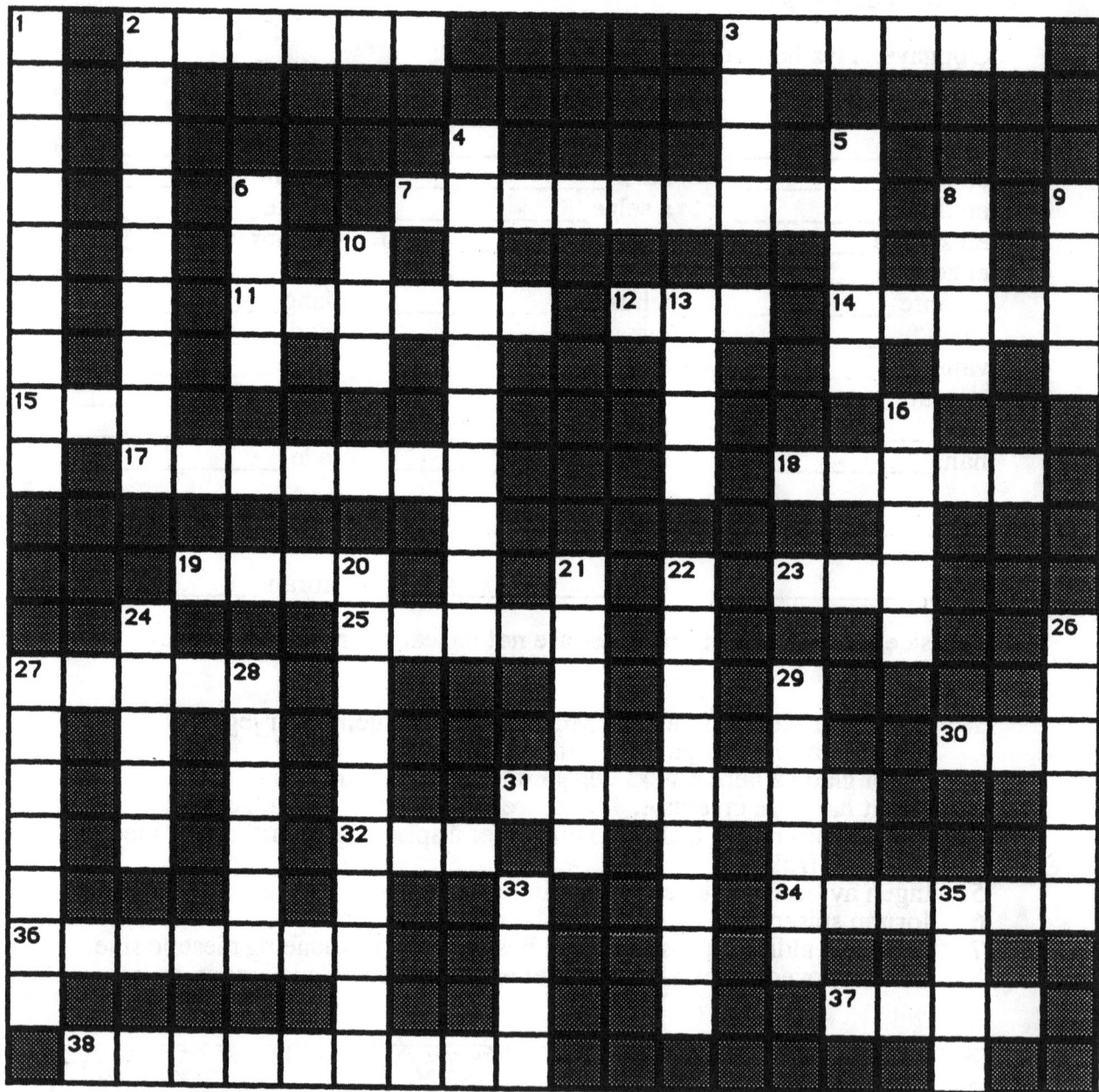

XIII. Kryssord (fortsatt) STIKKORD

Vannrett

2. Når du skriver med en av disse, kan du ta bort feil med et viskelær
3. Hvis håret ditt er for langt, kan du _____ det
7. Sted hvor du kan kjøpe bøker
11. Seksti sekunder
12. Det er sju dager i en av disse
14. Søsteren til moren eller faren din
15. Det motsatte av "inne"
17. Her lager du mat
18. Imperfektum av "å skrive"
19. Det motsatte av "lukke"
23. Det du spiser
25. Presten preker her på søndag
27. Et banner hvor en nasjon viser sine farger
30. Imperfektum av "å sove"
31. Med dette kan du snakke med mennesker som ikke er hos deg
32. Det motsatte av "natt"
34. Dette bruker du for å lage varm mat
36. I dette kan du se hvordan du ser ut
37. Dette skriver du med
38. Disse trenger du for å sende brev

Loddrett

1. Rommet i huset hvor du spiser, spesielt når du har gjester
2. Stedet hvor du låner og leser bøker
3. Det motsatte av "varm"
4. Stedet hvor du kjøper frimerker og sender brev
5. Bygningen hvor Kongen bor
6. Det er 24 av disse i et døgn
8. Et møbel du sover i om natten
9. En som går på skole
10. Det motsatte av "gammel"
13. Det samme som 3 loddrett
16. Dette bruker du når du skriver på tavla
20. Den som hjelper kundene i en butikk
21. Dette trenger du for å kjøpe ting
22. Her oppbevarer du mat som trenger å være kald
24. Dette kan du skrive på
26. Sønnene til tanten og onkelen din
27. Det første måltidet om dagen
28. Det motsatte av "ny"
29. Dette viser tiden
33. En av sønnene til foreldrene dine
35. Det motsatte av "mistet"

OPPGAVER

TIL UTVALGTE STYKKER

I ANTOLOGIEN

«Askeladden som kappåt med trollet»

Oppgave: **Sett inn de riktige ordene.**

f.eks.: Dette _____ (være) en fortelling om _____(gutt) og _____ (troll) som
(hugge) _____ ved i den _____ _____ (stor) (skog).

Dette <u>*er*</u> *en fortelling om* <u>*en gutt*</u> *og* <u>*et troll*</u> *som* <u>*hugget*</u> *ved i den* <u>*store skogen.*</u>

Substantiv:

Det var en gang en bonde som hadde tre _____ (sønn). Han var gammel og fattig,
men _____ (sønn) hans ville ikke gjøre noe på _____ (gård). Det hørte en stor
skog til _____(gård), og _____ (far) ville at _____ (sønn) skulle hugge i _____
(skog). Han måtte be dem mange _____ (gang) før noen av dem ville dra av sted.

Substantiv og verb:

Først skulle den eldste ut og hugge. Da han hadde _____ (komme) ut i _____
(skog) og hadde _____(begynne) å hugge på ei stor gran, _____ (komme) det___
(troll) bort til ham: «Hvis du _____ (hugge) i min _____ (skog), så _____
(drepe) jeg deg!» _____ (si) _____ (troll). Da _____ (gutt) _____ (høre)
det, _____ (kaste) han _____ (øks) og _____ (løpe) hjem så fort han kunne.
Da han _____ (komme) hjem, _____(bli) _____ (far) sint og _____
(si) at _____ (troll) aldri hadde _____ (skremme) ham da han _____ (være)
ung.

Substantiv og adjektiv:

Den tredje _____ (dag) ville den _____ (ung) av _____ (bror), han som
ble kalt Askeladden, gå ut i _____ (skog) og prøve. «Ja, du ja!» sa _____ (bror)
hans. «Tror du at du kan greie det, du som aldri har vært utenfor _____
(stuedør)!» Askeladden svarte ikke noe på det. Han bad bare om å få mye
_____ (mat) med seg, og så fikk han _____ _____(fersk,
hvit ost) i _____ (skreppe). Da han hadde hugd _____ (stund), kom _____
(troll). «Hvis du hugger i min _____ (skog), dreper jeg deg!» sa det.

Men _____ (gutt) løp bort til _____ (skreppe) si og hentet _____
(ost). Han klemte den så hardt at det rant av den. «Hvis du ikke tier stille, så skal
jeg klemme deg akkurat som jeg klemmer _____ (vann) av denne _____ _____
(hvit stein)!» skrek han til _____ (troll).

Verb og adjektiv (positiv og komparativ):

«Å nei,_____ (være) så snill å la _____ (være)!» sa trollet. «Jeg skal _____ (hjelpe) deg å _____(hugge).»

      Ja, gutten _____ (være) _____ (fornøyd) med det. Trollet var _____ (flink) til _____ (hugge), så det _____ (bli) mye ved den dagen. Da kvelden_____ (komme), _____ (si) trollet: «Nå kan du _____ (bli) med meg hjem. Det er_____ (lang) vei til deg enn til meg.» Jo, gutten _____ (bli) med, han. Og da de _____ (komme) hjem til trollet, skulle trollet _____ (tenne) i peisen mens gutten skulle _____ (gå) etter vannet til grøten. Men det _____ (stå) to jernbøtter der som _____(være) så _____ (tung) at han ikke kunne _____ (løfte) dem. «Disse er for _____ (liten),» ____ (si) gutten. «Jeg ____ (gå) heller etter brønnen, jeg.» «Å, nei,» sa trollet. «Jeg kan ikke _____ (miste) brønnen min. Det er _____ (god - komparativ) at du _____ (tenne) i peisen, så skal jeg _____ (gå) etter vannet.

      Da han _____ (komme) tilbake med vannet, _____ (koke) de en _____ (stor) grøtgryte. "Hvis du vil, kan vi _____ (spise) om kapp," _____(si) gutten. "Ja!"_____ (rope) trollet, for da _____ (være) han _____ (sikker) på å _____ (vinne). Spise var noe han kunne!

      Så _____ (sette) de seg til bords. Men gutten _____(ta) skinnskreppa foran seg uten at trollet _____ (se) det, og så _____ (øse) han _____ (mye) i den enn i seg selv. Da skreppa var _____ (full), _____ (ta) han kniven sin og _____ (stikke) hull på den. Trollet _____ (se) på ham, men _____ (si) ikke noe.

Verb:

      Da trollet og gutten hadde _____ (spise) en stund, _____ (legge) trollet fra seg skjeen. «Nei, nå _____ (orke) jeg ikke mer!» _____ (si) det. «Jo, nå får du _____ (spise),» _____ (si) gutten. «Jeg _____ (være) ikke halvmett ennå, jeg. Du kan bare _____ (gjøre) slik som jeg. _____ (skjære) hull i magen, så kan du _____ (spise) så mye du vil.»
      «Men _____ (gjøre) det ikke veldig vondt?» _____ (spørre) trollet.
      «Ikke noe å _____ (snakke) om,» _____ (si) gutten. Så _____ (gjøre) trollet som gutten _____ (si), men du kan vel _____ (tenke) deg hvordan det _____ (gå). Trollet _____ (dø) med en gang. Men gutten _____ (ta) med seg alt det gullet og sølvet han _____ (finne) og _____ (gå) glad hjem.

«Barfrost» av Arve Moen

I. Repetisjon

A. Adverb (Se seksjon VI A og B i grammatisk oversikt)

1. Funksjon

Adverb beskriver verb, adjektiv og andre adverb.
f. eks. *De hadde det vondt.*
Vondt er et adverb. Det forteller hvordan de hadde det.
Det beskriver verbet.

Oppgave: Si om adverbet beskriver et verb, et adjektiv eller et adverb.

1. Det var bedre å fryse <u>sammen</u> enn å ha det <u>varmt</u> hver for seg.
2. De var <u>svært</u> unge og <u>meget</u> fattige.
3. De stoppet og gled <u>tett</u> <u>sammen</u>.
4. De sa <u>ikke</u> <u>stort</u>.

2. Påsteds- og tilstedsadverb: (Se seksjon VI C i grammatisk oversikt)
Sett inn riktig form av adverbet.

1. De gikk gate _____ og gate _____. (up/down)
2. De hadde den store stillhet _____ i seg. (in)
3. De kom så langt _____ fra hverandre på restaurant. (away)
4. De kunne ikke gå _____ til ham eller _____ til henne. (home)
5. De hadde ikke noe sted å gå _____. (in)

3. Lang // langt // lenge: (Se seksjon X D 6 i grammatisk oversikt)

Det unge paret var glad i hverandre *lenge*. (adverb-tid)
De likte ikke å gå på restaurant for de kom så *langt* bort fra hverandre.
   (adverb-avstand)
Denne fortellingen var ikke *lang*. (adjektiv)

OBS! Det *tok* ikke *lang tid* å lese fortellingen. (Med *å ta* må du bruke
   lang tid istedenfor *lenge*.)

Oppgave: Sett inn riktig form av riktig ord.

1. Har du vært her _____?
2. Kvelden var _____ og kald.
3. De gikk opp og ned mange _____ gater.
4. Tar det _____ _____ å kjøre dit?
5. La oss sette oss ved det _____ bordet der borte.

71

B.   Spørreord: Sett inn det riktige ordet.

1. Generelt:

1. _____ heter de to unge menneskene i historien? (what)
2. _____ er de fra, og _____ er de? (where, who)
3. _____ hadde de det? _____ gamle er de? (how)
4. _____ skjedde det?_____ årstid var det? (when, which-what)
5. _____ kunne de ikke gå hjem til ham? (why)

2. *Hvor* eller *hvordan*: Både *hvor* og *hvordan* betyr "how":

Vi bruker *hvor* foran adverb og adjektiv:
   f. eks. *Hvor gammel er du? Hvor fort går bilen?*

Vi bruker *hvordan* foran verb:
   f. eks. *Hvordan har du det?*

Hvor foran et verb betyr "where":
   f. eks. *Hvor bor du?*

<u>Oppgave:</u> Sett inn det riktige ordet - "hvor" eller "hvordan":

1. _____ kaldt er det ute i dag?
2. _____ vet du det?
3. _____ visste det unge paret at de ikke var glad i hverandre lenger?
4. _____ fattige var de?
5. _____ er du fra?

3. *Hva* eller *hvilken* (hvilken, hvilket, hvilke):

Bruk *hva* bare foran et verb.
   f.eks. - *Hva heter skolen du går på?*

Foran et substantiv må du bruke den riktige formen av *hvilken*.
   f.eks. - *Hvilken skole går du på?*

<u>Oppgave:</u> Sett inn det riktige ordet.

1. _____ restaurant spiser du helst på?
2. _____ bøker leste du i fjor?
3. _____ bilde liker du best?
4. _____ har du lyst til å spørre om?
5. _____ film vil du gjerne se?

C. Adverb eller konjunksjon?[1]

Ordene *hva, hvor, hvordan, hvilken, når* og *hvem* kan være både adverb og konjunksjon, f. eks.:
Hvor er han? Når var det? (adverb, etterfulgt av verb)
> *Jeg vet ikke hvor han er. Hun sa ikke når det var.* (konjunksjon, etterfulgt av subjekt)
> Merk at vi får inversjon når vi har adverb først i setningen:
> **Adverb - verb - subjekt. ..**, men vi får vanlig ordstilling når konjunksjonen kommer først: **Konjunksjon - subjekt - verb. ...**

Øvelse:

Hva heter han?	*Jeg vet ikke hva han heter.*
Hvem er de?	_____
Når skjedde dette?	_____
Hvordan visste han det?	_____
Hvilken restaurant spiste de på?	_____
Hvor gikk de?	_____
Hvor gamle var de?	_____

D. Også // heller

Hun var fattig, og det var han *også*.
Hun ville *ikke* gå på restaurant, og det ville ikke han *heller*.

Oppgave: Sett inn det riktige ordet.

1. De kunne ikke gå hjem til ham og ikke hjem til henne _____.
2. Hun gikk gate opp og gate ned og det gjorde han _____.
3. Hun ville ikke være alene, og det ville ikke han _____.
4. Hun frøs og hadde det vondt og det gjorde han_____.

E. Ordstilling: Inversjon (Se seksjon VIII C 2 i grammatisk oversikt) Husk at verbet har plass nr. 2 i en setning.

SUBJEKT	VERBAL		ANDRE ELEMENTER
De	*gikk*		i gatene om kvelden.

IKKE SUBJEKT	VERBAL	SUBJEKT	ANDRE ELEMENTER
Om kvelden	*gikk*	de	i gatene.
I gatene	*gikk*	de	om kvelden.

---

[1] Note that when these words act as adverbs (interrogatives) they are followed by the verb. When they act as conjunctions, the are followed by the subject.

<u>Oppgave:</u> Skriv disse setningene om slik at det som er i kursiv kommer
             først:

f.eks. De kjente *lenge* at de var glad i hverandre.
Lenge kjente de at de var glad i hverandre.

1. De ville *alltid* være hos hverandre.

2. De gikk *gate opp og gate ned*.

3. De hadde det *vondt* og de frøs.

4. De vekslet *noen ganger* raske, faste kyss.

«Barfrost» av Arve Moen

II. Nytt materiell

A. Bisetninger og hovedsetninger[2]

En *hovedsetning* gir full mening alene:
> F.eks.:
> *De gikk i gatene om kvelden.*
> *De hadde ikke noe sted å gå inn.*

En *bisetning* gir ikke full mening alene:
> F.eks.:
> *. . .at de de gikk i gatene om kvelden.*
> *. . .fordi de ikke hadde noe sted å gå inn.*

B. Ordstilling i hovedsetninger og bisetninger[3]

Merk at ordstillingen i bisetninger ikke er den samme som i hovedsetninger:

> De hadde ikke noe sted å gå inn. (hovedsetning)
> . . .fordi de ikke hadde noe sted å gå inn. (bisetning)

1. Ordstilling i hovedsetninger:

a) Vanlig ordstilling

SUBJEKT	VERBAL	ADVERB	ANDRE ELEMENTER
De	gikk	ofte	i gatene om kvelden.

b) Inversjon

IKKE SUBJEKT	VERBAL	SUBJEKT	ADVERB	ANDRE ELEMENTER
Om kvelden	gikk	de	ofte	i gatene

---

[2] An <u>independent clause</u> gives complete meaning in itself. It can stand alone. A <u>dependent clause</u> does not give complete meaning. It can not stand alone.

[3] In an independent clause, the verb always occupies the second position. If the subject comes first, the verb follows it; if something other than the subject comes first, the verb still comes second and is followed by the subject. The adverb follows the verb in an independent clause with normal word order (1a). When there is inversion, the subject and verb trade places so that the adverb ends up following the subject (1b). In a dependent clause, the conjunction comes first and is followed by the subject. If an adverb is present, it comes before the verb (2).

2. Ordstilling i bisetninger:

KONJUNKSJON	SUBJEKT	ADVERB	VERBAL	ANDRE ELEMENTER
at	de	ofte	gikk	i gatene om kvelden.
fordi	de	ikke	hadde	noe sted å gå inn.

Hvor kommer adverbet i hovedsetninger? _____verbet.
Hvor kommer adverbet i bisetninger? _____verbet.

Oppgave 1: Sett strek under bisetningene:

f.eks. - Jeg vet ikke hvorfor de aldri spiste på restaurant.
      Jeg vet ikke <u>hvorfor de aldri spiste på restaurant</u>.

1.   Jeg tror at de ofte gikk i gatene om kvelden.
2.   Hva gjorde de når de ikke var sammen?
3.   Foreldrene deres likte kanskje ikke at de var sammen.
4.   Jeg vet ikke hvorfor de ikke er sammen lenger.

Øvelse:

De er ikke sammen nå.   *Jeg vet ikke* <u>hvorfor de ikke er sammen nå.</u>
De hadde ikke noen penger.   _____
Foreldrene hennes likte ham ikke.   _____
De kunne ikke gå hjem til ham.   _____
De hadde ikke noe sted å gå inn.   _____
De frøs ikke.   _____
De er ikke glad i hverandre lenger.   _____

Oppgave 2: Sett adverbet på riktig plass i setningen. (The resulting
      sentence must correspond with the facts of "Barfrost".)

f.eks. Det unge paret gikk i gatene om kvelden. (ofte)
    Det unge paret gikk ofte i gatene om kvelden.
1.   Dette er en fortelling om et ungt par som gikk i gatene om kvelden.
    (ofte)
2.   De gikk ikke på restaurant fordi de hadde penger. (ikke)
3.   Om kvelden gikk de i gatene. (ofte)
4.   Jeg vet ikke hvorfor de var sammen mer. (aldri)
5.   Hun så ham igjen. (aldri)

OBS! Noen ganger utelater vi <u>at</u> og <u>som</u>, de er underforstått, men
    ordstillingen blir den samme som om de var der.

    Jeg tror (at) hun alltid vil huske ham.
    Dette er noe (som) hun alltid vil huske.

Oppgave 3: Sett adverbet inn i setningen og si om det underforståtte ordet er "som" eller "at".

f.eks. - Jeg tror foreldrene hennes likte ham. (ikke)
Jeg tror (at) foreldrene hennes ikke likte ham.

                                                                       som eller at?
1. Dette var noe de gjorde. (alltid)   _____
2. Jeg tror de gjorde det. (alltid)   _____
3. Det var den korteste historien
    jeg har lest. (noen gang)   _____
4. Kanskje han gjorde noe hun likte. (ikke)   _____

Oppgave 4: Sett inn "ikke" to ganger:

f.eks. - De var (ikke) sammen lenger fordi de (ikke) likte hverandre lenger.
De var ikke sammen lenger fordi de ikke likte hverandre lenger.

1. De kunne gå hjem til henne og de kunne gå hjem til ham.

2. De kunne spise på restaurant fordi de hadde penger.

3. De likte å spise på restaurant fordi de kunne sitte tett sammen på restaurant.

4. De hadde det godt når de var sammen.

C. **Hvem er du?** Fyll inn - pass på ordstillingen.

Eksempler:
    Jeg liker meg best i store byer.
    Jeg liker best å spise sjokolade.

    1. Jeg sover best når været _____.
    2. Jeg vet ikke hvorfor _____.
    3. Jeg er _____ fordi _____.
    4. Jeg vil gjerne _____ fordi _____.
    5. Jeg håper at _____.
    6. Jeg tror at _____.
    7. Jeg vet at _____.
    8. Jeg forstår _____.

D. **Lek med ord:** Sett inn ord fra "Barfrost".

    1. Folk som ikke har mange penger er _fattige_ .
    2. Jeg _____ når det er kaldt ute.
    3. _____ betyr nesten det samme som "å like".
    4. _____ er det motsatte av "gammel".
    5. _____ er det motsatte av "langsom".
    6. _____ er det motsatte av "å ha det godt".
    7. _____ betyr det samme som "noen ganger".
    8. _____ betyr det samme som "å skje".

«Britt og dukken» av Andreas Norland

I. Repetisjon

A. Verb -- imperativ og refleksiv

1. Imperativ: (Se seksjon V A 3 i grammatisk oversikt)

«*Slipp* ellers kaster jeg deg ut av vinduet,» sa Britt.

«*Sov*,» sa Britt.

Bruk følgende verb til å få andre i klassen til å gjøre hva du vil: (Make commands using actions that may be accomplished in the classroom.)[1]

å løfte _____

å skrive _____

å kaste _____

å lukke _____

å sette _____

å komme _____

å legge seg _____

2. Refleksiv: (Se seksjon II B i grammatisk oversikt)

Best *likte* han *seg* i den fine nye dukkevognen.

Mor *blandet seg* ikke i hva hun gjorde med dukken.

Petter måtte bare se på at de *koste seg*.

Da Jørgen hadde *fått på seg* bleien, tok hun pyjamasen på ham.

Oppgave: Si hva disse refleksive verb betyr og bruk hvert verb i en setning. (Vary the subjects and tenses of your sentences as indicated.)

å like seg   1._____(jeg) (imperfektum)

å føle seg   2._____(du) (presens)

å legge seg   3._____(command to 1 person)

å vaske seg   4._____(command to 2 persons)

---

[1] Commands may be softened to requests by adding "er du snill" or "bare": *Legg papirene på bordet, er du snill. Bare legg papirene på bordet.*

å sette seg   5._____(han) (imperfektum)

å forsyne seg   6._____(hun) (perfektum)

å glede seg til 7._____(vi) (pluskvamperfektum)

å reise seg   8._____(dere) (presens)

å skynde seg   9._____(de) (imperfektum)

å kose seg   10._____(jeg) (perfektum)

B.   **Sin - si - sitt - sine // hans - hennes - deres** (Se seksjon II D i grammatisk oversikt)

Oppgave: Sett inn "sin - si - sitt - sine" eller "hans - hennes - deres".

f.eks. - Dette er en fortelling om en liten pike og dukken _____.
       Dette er en fortelling om en liten pike og dukken hennes.

    1.   Britt var svært glad i dukken _____.
    2.   Dukken _____ het Jørgen.
    3.   Hun fikk dukken da moren ____ var på klinikken.
    4.   Jørgen likte å sitte i den nye dukkevognen_____.
    5.   Britt syntes at dukken ____ var mye snillere enn broren _____ hadde vært.
    6.   Broren _____ hadde fått den store puten _____ over ansiktet.

*Merk: Vi bruker ofte bare bestemt form (og ingen eiendomspronomen) om familiemedlemmer:
Britt likte ikke *broren*. (Britt didn't like *her brother*.)

C.   **Da //når. . .så // da** (Se X D 4 og 5 i grammatisk oversikt)

Muntlig øvelse
Fortell noe viktig som skjedde i ditt liv:

    f.eks. - *Da jeg var tre år, kjøpte familien min et nytt hus.* (merk inversjon!)

    1. Fra du var 1-6 år:
        Da jeg var _____, _____.
    2. Fra du var 7-12 år:
        Da jeg var _____, _____.
    3. 13-17:
        Da jeg var _____, _____.

<u>Oppgave 1:</u> Sett inn "da" eller "når".

1. ___ det var pent vær, kikket Petter ned på dem.
2. Petter skrek ikke ___ han var død.
3. ___ Britt løftet Jørgen opp, veltet hele stellebordet.
4. Petter hadde alltid bråket ___ Britt ville ha det stille.
5. ___ jeg leste historien første gang, trodde jeg at Britt var gal (crazy).
6. Britt likte Petter ___ han først kom.

<u>Oppgave 2:</u> Oversett til engelsk:

1. . . .så hun tok pyjamasen på ham. . . _____

2. . . .så tok hun pyjamasen på ham. . . _____

3. . . .da hun tok pyjamasen på ham. . . _____

4. . . .da tok hun pyjamasen på ham. . . _____

<u>Oppgave 3:</u> Sett inn "så" eller "da".

1. Petter skrek ikke da han var død. ___ lå han helt stille.
2. Britt vasket Jørgen. ___ tok hun pyjamasen på ham.
3. Moren stod og hørte på Britt en stund. ___ kom hun inn i barneværelset.

<u>Oppgave 4:</u> Sett inn de riktige ordene. Pass på ordstillingen!

1. Petter døde _____ syv måneder gammel. (when he was)

2. Han fikk den store puten over ansiktet_____. (so he died)

3. Han bråket mye _____. (so Britt didn't like him)

4. Britt likte ikke Petter _____. (when he made noise)

5. De så på bilene ute. _____ inn. (Then they came)

<u>Muntlig øvelse:</u> Fortell om en typisk dag på skolen. Bruk "så," "da," "når."

D. Transitive og intransitive verb. (Se X D 10 i grammatisk oversikt)

Infinitiv	presens	imperfektum	perfektum
å sitte (to sit)	sitter	satt	har sittet
å sette (to set)	setter	satte	har satt
å sette seg (to sit down)	setter seg	satte seg	har satt seg
å ligge (to lie)	ligger	lå	har ligget
å legge (to lay)	legger	la	har lagt
å legge seg (to lie down; go to bed)	legger seg	la seg	har lagt seg
å vekke (to wake up)	vekker	vekket	har vekket
å våkne (to wake up)	våkner	våknet	har våknet
å vokse (to grow)	vokser	vokste	har vokst
å dyrke (to grow)	dyrker	dyrket	har dyrket

Oppgave: Lag setninger og bruk det riktige verbet: Setningens subjekt står
først. Bruk <u>imperfektum</u>.

f.eks. Britt // puten // over // Jørgen // ansiktet // til. (legge / ligge)
Britt la puten over ansiktet til Jørgen.

1. Mor // klokka // Britt // i går // halv // kveld // ni. (legge / ligge)

2. Jørgen // stille // på // dukkestellebordet // helt. (legge / ligge)

3. Britt // dukkestellebordet // på // Jørgen. (legge / ligge)

4. Jørgen // ofte // på // biler // så // og. (sette / sitte)

5. Mor // på // seg // senga // kom // i // soveværelset // inn // og.
    (sette / sitte)

6. Britt // ofte // når // skrek // Petter. (våkne / vekke)

7. Petter // Britt // om // ofte // natten. (våkne / vekke)

E. Som // at // hvem // hvilken // hva // det:

<u>Oppgave:</u> Sett inn det riktige ordet.

1. Jørgen var en dukke ___ Britt fikk da moren hennes var på klinikken.
2. Hun syntes ___ dukken var snill.
3. ___ dukke fikk hun da moren hennes var på klinikken?
4. Dette er en historie om en liten pike ___ drepte broren sin.
5. ___ har skrevet historien?
6. Det var en stor guttedukke ___ het Jørgen.
7. Den hadde lyst hår ___ gikk an å gre.
8. Britt trodde ___ Petter var i himmelen.

© United Feature Syndicate, Inc./PIB

«Britt og dukken» av Andreas Norland

II. Nytt materiell

A. **Ordstilling** - med bisetninger og hovedsetninger:

-med hovedsetning først: *Britt likte ikke Petter fordi han ikke var snill.*

-med bisetning først:. *Fordi han ikke var snill, likte Britt ikke Petter.* (merk inversjon)

<u>Øvelse:</u> Sett bisetningen først og skriv om som nødvendig.

> f.eks. - Hele stellebordet veltet da Britt løftet Jørgen opp.
> *Da Britt løftet Jørgen opp, veltet hele stellebordet.*

1. Han lukket øynene når han ble lagt.

2. Det var bare bråk etter at Petter kom.

3. Armen hans hang fast i et bendelbånd da hun løftet ham opp.

4. Britt dunket hodet hans hardt i golvet fordi hun var sint på ham.

<u>Øvelse:</u> **Hvem er du?**

Eksempler:
Når det regner, <u>bruker jeg paraply.</u>

Da jeg var tre år, <u>kjøpte familien min et nytt hus.</u>

1. Etter timen i dag _____.

2. Når sola skinner, _____.

3. Når jeg sitter på biblioteket,_____.

4. Før jeg la meg i går kveld, _____.

5. Da jeg var _____ år, lærte jeg å kjøre bil.

6. Da jeg var _____ år, begynte jeg å gå på skolen.

7. Da jeg var _____ år, _____.

Oppgave: Lag setninger med disse elementene. Sett bisetningen først.

f.eks. - Jørgen // alltid // armene // satt // fremover // Britt // fortauet // kjørte // ute // når // på // med // ham
Når Britt kjørte ham ute på fortauet, satt Jørgen alltid med armene fremover.

1. ikke // Britt // likte // ham // at // han // stund // hadde // en // der // vært // etter

2. fint // når // var // vær // Petter // ned // kikket // dem // på // det

3. fordi // aldri // Petter // stille // var // Britt // ham // likte // ikke

4. når // Petter // om natten // henne // vekket // Britt // sint // ble

B. Konjunksjoner

1. Konjunksjoner som innleder **hovedsetninger** er: **og, eller, men, for, så.**

Disse ordene heter sideordnende konjunksjoner.[2] Eksempler:

Alt ble bedre da Petter døde, <u>men</u> det <u>var</u> <u>ikke</u> så hyggelig hjemme lenger.

Jørgen bråket ikke slik som Petter, <u>og</u> mor <u>blandet seg</u> <u>ikke</u> i hva hun gjorde med ham.

Foreldrene visste ikke <u>eller</u> de <u>forstod</u> <u>ikke</u> at det var Britt som hadde drept Petter.

Britt likte ikke Petter <u>for</u> det <u>var</u> <u>bare</u> bråk med ham.

Petter bråket hele tiden <u>så</u> Britt <u>likte</u> ham <u>ikke</u>.

*Husk at adverbet kommer <u>etter</u> verbet i hovedsetningene.

2. Konjunksjoner som innleder **bisetninger** heter underordnende konjunksjoner.[3] De inkluderer:

at, da, etter at, fordi, hva, hvis, hvor, hvordan, kanskje, mens, når, om, selv om, siden, som, så.

---

[2] Co-ordinating conjunctions introduce independent clauses: *Britt likte ikke Petter <u>for</u> det <u>var bare</u> bråk med ham.* The adverb follows the verb.
[3] Subordinating conjunctions introduce dependent clauses. *Britt likte ikke Petter <u>fordi</u> det <u>bare var</u> bråk med ham.* The adverb precedes the verb.

Eksempler:

Britt syntes <u>at</u> det <u>ikke</u> <u>var</u> så hyggelig hjemme lenger.

Britt likte Jørgen <u>fordi</u> mor <u>ikke</u> <u>blandet</u> seg i hva hun gjorde med ham.

Det var foreldrene <u>som</u> <u>ikke</u> <u>forstod</u> at Britt hadde drept Petter.

Britt likte ikke Petter <u>fordi</u> det <u>bare</u> <u>var</u> bråk med ham.

Britt likte Petter <u>da</u> han <u>først</u> <u>kom.</u>

*Husk at adverbet kommer <u>foran</u> verbet i bisetninger.

*<u>Merk</u> at "så" kan være både sideordnende og underordnende konjunksjon.[4] Når "så" betyr "derfor" er det sideordnende, når "så" betyr "for at", er det underordnende:

1. *Moren til Britt stod i døra så hun forstår nå hvordan Petter døde.*
   (derfor)
2. *Hun må være forsiktig med sin reaksjon så hun ikke skremmer Britt.*
   (for at)

*<u>Merk</u> "kanskje" kan være både <u>adverb</u> og underordnende <u>konjunksjon</u>[5]:

1. Når "kanskje" brukes som adverb og kommer først i setningen, får vi inversjon:

Kanskje vil Britt aldri få lære om hva hun gjorde med Petter.
Kanskje vil foreldrene aldri fortelle henne om det.

2. Når "kanskje" brukes som konjunksjon virker det som en forkortet bisetning -- *Kan hende at* -- derfor får vi ordstilling som i en bisetning etter den (subjektet følger konjunksjonen og adverbet kommer foran verbet).

Kanskje Britt aldri vil få lære om hva hun gjorde med Petter.
Kanskje foreldrene aldri vil fortelle henne om det.

Det er lite eller ingen forskjell i betydning mellom disse to mulighetene.

<u>Øvelse 1</u>: Sett bisetningen først. Husk komma!

f.eks.:   Jørgen skrek "mamma" når han ble lagt på magen.

---

[4] "Så" can be both a co-ordinating and a subordinating conjunction:
   1. When it means "therefore," it is co-ordinating and the adverb follows the verb in the clause it introduces. 2. When i means "so that," it is subordinating, and the adverb precedes the verb in the clause it introduces.
[5] "Kanskje" can act as either an adverb or subordinating conjunction. When it acts as an adverb, it causes inversion (see examples in nr. 1). When it acts as a conjunction, it is followed by the subject; if an adverb is present, it comes before the verb (see examples in nr. 2).

Når han ble lagt på magen, skrek Jørgen "mamma".

1. Han våknet ikke om morgenen fordi han hadde fått puten over ansiktet.

2. Britt likte ikke Petter etter at han hadde vært der en stund.

3. Alt ble bedre da Petter døde.

4. Britt tok pyjamasen på ham da han hadde fått på seg bleien.

5. Moren kom til barneværelset fordi hun hadde hørt Britt gråte.

Øvelse 2: Sett ikke i bisetningene. (Setningene må være logiske!)

f.eks. Hun syntes at det var så hyggelig lenger etter at Petter døde.
Hun syntes ikke at det var så hyggelig etter at Petter døde.

1. Britt ble sint på Jørgen fordi han ville slippe bendelbåndet.

2. Britt ble redd da hun kjente morens stemme igjen.

3. Den store puten hans kom over ansiktet hans så han fikk puste.

4. (Sett inn "ikke" to ganger): Britt forstod at Petter var en dukke.

C. Adverb i bisetninger:

Oversikt: Adverb som kommer foran verbet i bisetninger. (Hva heter de på engelsk?)

aldri	_____	*nettopp*	_____
alltid	_____	*nå*	_____
bare	_____	*ofte*	_____
dessverre	_____	*også*	_____
egentlig	_____	*opprinnelig*	_____
endelig	_____	*snart*	_____
fremdeles	_____	*særlig*	_____
gjerne	_____	*vanligvis*	_____
nesten	_____	*virkelig*	_____

Øvelse: Sett adverbet inn i setningen. (Resulting sentences should correspond with facts from «Britt og dukken»)

f.eks.. Petter skrek. (ofte)
Petter skrek ofte.

1. Britt likte Jørgen bedre fordi han skrek. (ikke)

2. Det var en natt da Petter ble rolig. (endelig)

3. Petter bråket mye, men Jørgen bråket. (ikke)

4.   Da Petter var død, lå han helt stille og han skrek. (ikke)

5.   Jørgen satt og så på biler. (ofte)

<u>Oppgave 1</u>: Lag èn setning ved å sette inn ordet i parentes. Pass på
        ordstillingen! (Make one sentence by inserting the word in
        parentheses. Change word order as necessary.)

f.eks.:   Petter kom. Det var aldri rolig på barneværeslet. (etter at)
           Etter at Petter kom, var det aldri rolig på barneværelset.

1.   Britt kjørte Jørgen ute på fortauet. Han kunne se på biler. (så)

2.   Moren hadde ikke sett det. Hun ville aldri ha visst hvordan Petter
        døde. (hvis)

3.   Jeg vet ikke. Han sov alltid med den store puten sin. (hvorfor)

4.   Nå forstod moren. Britt hadde også gjort dette med Petter. (at)

5.   Britt kledde på Jørgen. Hun løftet ham opp. (og så)

6.   Britt trodde alt var bedre nå. Alt var ikke bedre. (men)

<u>Muntlig øvelse:</u>

Petter skrek alltid.   Britt likte ikke Petter fordi <u>han alltid
                                                         skrek.</u>
Petter var aldri stille.   Britt likte ikke Petter fordi <u>han aldri var
                                                         stille.</u>
Petter var ofte slem.
Jørgen skrek ikke.   Britt likte Jørgen <u>fordi han ikke skrek.</u>
Jørgen var alltid stille.   _____
Jørgen vekket henne ikke.   _____
Jørgen var aldri slem.   _____
Jørgen gjorde alltid som hun sa. _____

<u>Oppgave 2</u>: Skriv denne setningen om med de oppgitte ord: (Rearrange
        word order as necessary and complete the sentence.)

        Britt likte ham ikke.

så, men, for, fordi, siden, at

        f.eks. -Fordi-
           Fordi Britt ikke likte ham, <u>var hun glad for at han var død.</u>
        _____ men _____.
        _____ for _____.
        Siden _____ ,_____.
        _____ at _____.
        _____ så _____.

<u>Oppgave 3</u>: Jeg har en venn som. . .
(Tell about your friend by adding the information about him/her to the
    construction above. Watch word order. Blank number three below is
    for a statement of your own about that friend.)

f.eks. Hun/han spiser ofte på restaurant.
Jeg har en venn som ofte spiser på restaurant.

1. Jeg snakker ofte med   Jeg har en venn som _____
    ham/henne i telefon.   _____
2. Du må absolutt bli kjent
    med ham/henne.   _____
3. _____   _____

<u>Oppgave 4</u>: Vi leste en fortelling om ei jente som. . .
    (Add these statements to complete the sentence above.)

1.   Hun likte ikke broren sin.   Vi leste <u>en fortelling om ei jente som ikke</u>
                                   <u>likte broren sin</u>.

2.   Hun forstod ikke hva hun gjorde.   Vi leste _____
                                   _____.

D. Etter // etter at // etterpå[6]

<u>Etter</u> er en preposisjon, det tar objekt.
    Foreldrene var tristere <u>etter</u> Petters død.
    <u>Etter</u> badet, tok Britt tørr bleie på Jørgen.

<u>Etter at</u> er en konjunksjon, det binder to setninger sammen. <u>Etter at</u> blir
    alltid etterfulgt av subjekt og verb.
    Det var ikke så hyggelig hjemme lenger <u>etter</u> <u>at</u> Petter kom.
    <u>Etter</u> <u>at</u> hun hadde vasket ham, tok hun tørr bleie på Jørgen.

<u>Etterpå</u> betyr "afterwards". Det er et adverb.
    <u>Etterpå</u> visste ikke moren hva hun skulle gjøre.

    <u>Oppgave</u>: Sett inn "etter", "etter at" eller "etterpå".
    1. Petter våknet ikke _____ han fikk den store puten over ansiktet.
    2. Det ble roligere _____ den natten.
    3. Foreldrene var tristere _____ Petter døde.
    4. Jeg vet ikke hva moren gjorde _____ hun kom inn i værelset.
    5. Hva gjorde foreldrene _____ de lærte dette?
    6. Britt vasket Jørgen og _____ tok hun tørr bleie på ham.

E. Kroppsdeler

<u>Hvem er du?</u> Fortell om deg selv ved å sette inn ordet som passer:

---

[6] <u>Etter</u> is a preposition; it is followed by an object: *etter frokost*. <u>Etter at</u> is a conjunction; it is
followed by a subject and verb: *<u>Etter at</u> vi spiste frokost,. . .* . <u>Etterpå</u> means "afterwards": *Jeg var ikke*
sulten etterpå.

høyde _____ (høy/kort/middels høy)
øyne _____ (blå/brune/grønne/grå)
hår _____ (langt/kort)
hår _____ (lyst/mørkt)
briller _____ (ja/nei): (Jeg går (ikke) med briller.)

Fyll inn så <u>mange</u> ting du kan:

Jeg har to *ører,*_____
     ti _____
     en _____

1. <u>Uregelmessige flertallsformer</u>:

Noen av navnene på kroppsdelene har uregelmessige flertallsformer.

et bein	**bein**[7]	**en finger**	**fingrer**[8]
beinet	**beina**	**fingeren**	**fingrene**
en fot	**føtter**[9]	**en hånd**	**hender**
foten	**føttene**	**hånden**	**hendene**
et kne	**knær**[10]	**en skulder**	**skuldrer**
kneet	**knærne**	**skulderen**	**skuldrene**
ei tann	**tenner**[11]	**ei tå**	**tær**
tanna	**tennene**	**tåa**	**tærne**
et øye	**øyne**[12]		
øyet	**øynene**		

*<u>Merk</u>: Vi utelater ofte eiendomspronomen når vi snakker om subjektets kroppsdel.[13]

Petter hadde fått den store puten sin over <u>ansiktet</u>. (over <u>his</u> face)
Jørgen lukket <u>øynene</u> når han ble lagt. (closed <u>his</u> eyes)
Jørgen satt med <u>armene</u> fremover. (with <u>his</u> arms forward)

---

[7] Remember that *et barn* is like *et bein*: *Barna* is the plural definite form (the children).

[8] It is typical for nouns ending in an unstressed *-er* or *-el* to lose the unstressed *e* in the plural. A double consonant preceding the *-er* or *-el* is also reduced to a single one in the plural: *en sommer - somrer; en gaffel - gafler.* Remember that nouns ending in *-er* that refer to people form their plurals in a different way: *en lærer-lærere-lærerne, en fisker-fiskere-fiskerne.* Similar in its plural form, though not referring to a person, is *en genser-gensere-genserne.*

[9] Like *fot* is also *rot-røtter* (cf. *gulrøtter*).

[10] Remember that *et tre* forms its plural like *et kne (et tre-trær-trærne)*. We have also learned *klær-klærne*. The singular form of this word appears in compounds and is analogous: *et håndkle-håndklær-håndklærne* (towel).

[11] Remember that *en natt-netter* is like *ei tann*. Similar, too, is *ei strand-strender*.

[12] Do not confuse *et øye* with *ei øy* (island). *Ei øy* has regular plural forms.

[13] When the part of the body is the subject's own -- but not part of the subject of the sentence -- the possessive pronoun is usually omitted in Norwegian.

Han skrek mamma når han ble lagt på maven. (on <u>his</u> stomach)
    (magen = maven)
Har du pusset <u>tennene</u> ennå? (<u>your</u> teeth)
Hvor klipper du <u>håret</u>? (<u>your</u> hair)
Hun har brukket <u>beinet</u>. (<u>her</u> leg)
Nordmenn lærer å gå på ski så snart de kan stå på <u>beina</u>. (on <u>their</u> feet)

Men ikke når det er en del av subjektet:

Jeg pusser <u>tennene</u>. (I brush <u>my</u> teeth.)
<u>Tennene mine</u> er sunne. (My teeth are healthy.)

<u>Oppgave:</u> Sett inn det riktige ordet. Husk at vi ikke trenger
    eiendomspronomen når vi snakker om subjektets kroppsdeler.

f.eks. Jørgen lukket __*øynene*__ når han ble lagt. (his eyes)
1. Jørgen satt med _____ fremover. (his arms)
2. Han skrek mamma når han ble lagt på _____ . (his stomach)
3. Ansiktet har to _____, _____ og _____. (eyes, a nose, a mouth)
4. Det er mange store og små _____ i Oslo fjorden. (islands)
5. Mange sier at nordmenn er født med ski på _____ . (their feet.)
6. Jeg var nede på _____ og vasket golvet da de kom. (my knees)
7. _____ har fem _____; _____ har fem _____. (the foot, toes; the hand, fingers)
8. Du kan telle dem på _____. (your fingers)
9. Puss _____ før du legger deg! (your teeth)

2. <u>Uttrykk med kroppsdeler:</u>

	(Hvordan sier vi det på engelsk?)
hodet	_____
magen	_____
Jeg har vondt i halsen	_____
øret	_____
skulderen	_____

<u>Øvelse:</u> Svar på disse spørsmålene.

1. Går du på skole når du har vondt i magen?
2. Hvor klipper du håret?
3. Får du ofte vondt i hodet?
4. Får du ofte vondt i halsen om vinteren?
5. Pusser du tennene etter hvert måltid?

F. Preposisjoner (og uttrykk med andre små ord):

<u>Oppgave:</u> sett inn de riktige ordene.
    f.eks: En kveld ble Britt sint _*på*_ Jørgen.

1. Hun hadde vært svært glad _____ dukken sin.
2. Dukken hadde hår som gikk _____ å gre.
3. Britt fikk Jørgen da moren var _____ klinikken.

4. Petter hadde skreket _____ det meste.
5. Petter så _____ som om han sov da han var død.
6. Britt likte Petter _____ en gang han kom, men ikke etter at han hadde
   vært der en stund.
7. Det var ikke noe hyggelig hjemme lenger etter _____ Petter døde.
8. Mor blandet seg ikke _____ hva Britt gjorde med Jørgen.
9. Britt tok en tørr bleie _____ Jørgen.
10. Så løftet hun ham opp _____ å ta ham til dukkesengen _____ hjørnet.
11. Armen hans hang fast _____ et bendelbånd på dukkestellebordet.
12. Britt skrek at hun ville kaste ham ut _____ vinduet.
13. Hun rusket i ham og dunket hodet hans hardt _____ golvet.

G. **Litt av hvert** (Stryk ut ordene som ikke passer.)

1   «Britt og dukken» er om en liten pike (som/hvem/at) hadde en dukke

2   (het/som het) Jørgen. Hun hadde også hatt en lillebror men nå (han var/var

3   han) død for (han hadde/hadde han) fått den store puten (hans/sin) over

4   ansiktet så han (ikke fikk/fikk ikke) puste.

5   En dag (Britt ble/ble Britt) sint (med/på) Jørgen. Hun hadde

6   (lagt/ligget) ham på dukkestellebordet. Da hun løftet ham opp, (armen hans

7   hang/hang armen hans) fast i et bendelbånd slik at hele stellebordet veltet.

8   Britt (var/ble) virkelig sint og hun (la/lå) puten over ansiktet (sitt/hans).

9   Moren hørte henne gråte og rope høyt. (Når/Da) hun kom til

10 barneværelset, (hun fikk/fikk hun) (se/så) dukken med puten over ansiktet.

11 Nå (hun visste/visste hun) hvordan (Petter hadde/hadde Petter) dødd.

H. Kryssord: (Ord fra «Barfrost» og «Britt og dukken»)

H. Kryssord (fortsatt) STIKKORD

Vannrett

4. Rommet i huset hvor du lager mat
6. Imperfektum av "å ligge"
7. Babyer bruker ikke underbukser men ei _____
9. Det motsatte av å "lukke"
11. Sønnen til tanten og onkelen din
12. De fleste har 10 av disse på føttene
14.. Det motsatte av "glad"
18. Betyr omtrent det samme som "komme etter"
19. Du går med disse på føttene
20. Natt-klær
23. De som ikke har penger er _____
24. Stedet hvor mange mødre føder sine barn, k_____
27. Dette legger du på spisebordet, spesielt til et litt festlig måltid
29. Du bruker dette for å snakke og spise
31. Med disse ser du
32. Betyr omtrent det samme som "skje"
33. Dette har du over hodet; det motsatte av "golv"
34. Det motsatte av "datter"
35. Mor og far
37. Komparativ av "god"
38. Det motsatte av "våt"

Loddrett

1. Det er 52 av dem i et år
2. Her har du øyne, nese, ører, hår, osv.
3. Det er tolv av disse i et år
5. Det motsatte av "onkel"
8. Det motsatte av "kort"
10. Mange sover med en eller to av disse under hodet
11. Imperfektum av "å fryse"
13. Den som ikke lever er _____
15. Det motsatte av "snill"
16. Det motsatte av "godt"
17. Dette gjør du om vinteren hvis du ikke har varme klær
21. Det vi hører når du snakker eller synger
22. Du får vondt her når du spiser for mye
25. Det motsatte av å "åpne"
26. Mellom leggen og låret finner du disse (flertall)
28. Det motsatte av "bror"
30. Sønnen til søsteren eller broren din
34. Regn kommer fra disse
35. Det motsatte av "mor"
36. Det motsatte av "mørkt"

«Til Snåpen» av Alfred Næss

I. Repetisjon

A. **Tid** - dager, måneder, datoer, timer, årstider (Se seksjon X B i grammatisk oversikt.)

1. **Ukedager:**

   Kunden sa at han ville resie til Snåpen på *onsdag*. Hva heter de andre ukedagene? _____

   Nyttige ord: siste / forrige / neste -- siste uke, forrige tirsdag, neste måned. <u>Hvordan sier du</u> -- last month? next week:

2. **Måneder og datoer:** (Se seksjon X B i grammatisk oversikt) (Repeter tall og ordenstall)

   Et av togene gikk bare i tiden 1/7 til 31/8. Skriv disse datoene med ord og tall.

   _____

   Hva heter de 12 månedene i året? _____

   Skriv ut din fødselsdato i ord og tall: _____

   f.eks. - *Jeg ble født den tiende oktober; den 10. oktober; 10/10.*

3. **Årstidene**

   Liker du best å reise om sommeren, om vinteren, om våren eller om høsten? Hvorfor?

4. **Klokka:** (Se seksjon X C 6 i grammatisk oversikt)

— Klokka er nå .... ti minutter på tolv!

Dagbladet

Se på togtabellen fra *Rutebok for Norge* i antologien: Der står det når tog går fra Oslo til Bergen. Skriv disse tidene om (se på eksempelet) og si om det er *om morgenen, om ettermiddagen, om kvelden,* eller *om natten:*

f. eks. kl.15.45 er <u>kvart på fire om ettermiddagen.</u>

7.30 _____

10.00 _____

14.55 _____

23.00 _____

5. **Om å lese en togrute:**

<u>Oppgave</u> -Se på togtabellen i antologien og svar på disse spørsmålene. (Convert times to the 12-hour oral system and indicate if it is *in the morning, afternoon, evening,* etc.)

f.eks. - Hvis du tar toget som går fra Oslo klokka 7.30, når kommer du til Bergen?
Du kommer til Bergen klokka ti over to om ettermiddagen.

1. Hvis du tar toget som går fra Oslo kl. 15.45, når kommer du til Bergen?

2. Når kommer du til Bergen hvis du reiser fra Oslo kl. 10? Hvor mye lengre tid tar den turen enn turen i nr. 1?

3. Går det alltid et tog kl. 14.55 fra Oslo til Bergen? Forklar.

4. Kan du ta tog kl. 11.25 fra Myrdal til Voss på søndag om sommeren? Forklar.

5. Kan du reise fra Flåm til Myrdal kl. fem på halv fire om ettermiddagen i februar? Forklar.

6. Det er søndag. Går det tog fra Flåm til Voss kl. ti over seks om kvelden? Forklar.

7. Går det alltid tog fra Oslo til Bergen kl. 23.30 hele året? Fortell når du *kan* ta det toget.

8. Hvis du må være i Flåm innen ("by") klokka ett om ettermiddagen, hvilket tog må du ta fra Oslo?

B. **Ordstilling:** (Se seksjon VIII i grammatisk oversikt.)

<u>Oppgave 1</u> - Sett ordet i parentes på riktig plass i setningen (in the underlined portion when there is one).

f. eks: Han trengte hjelp med togtider <u>fordi han hadde reist til Snåpen før</u>. (aldri)
Han trengte hjelp med togtider fordi han aldri hadde reist til Snåpen før.

1. "A" betyr <u>at toget går de tre første dagene i uken</u>. (ikke)

2. "B" betyr <u>at toget går i tiden 1/7 til 31/8</u>. (bare)

3. Det går et tog. (alltid)

4. Det toget stopper på Bødal. (alltid)

5. Kunden sa at han var lei av å få lest opp alle de tog <u>han kunne bruke</u>. (ikke)

6. Ekspeditøren sa <u>at det var han som hadde laget togtabellene</u>. (ikke)

7. Kunden spurte om ekspeditøren var sikker på <u>at det var livmålet til stasjonsmesteren</u>? (ikke)

8. Ekspeditøren oppdaget endelig <u>at det går tog til Snåpen i det hele tatt</u>. (ikke)

<u>Oppgave 2</u> - Lag én setning av elementene. Pass på ordstillingen.

f. eks. - Det står ikke noen A'er eller B'er ved det. Vi kan kanskje ta dette toget. (Siden)
Siden det ikke står noen A'er eller B'er ved det, kan vi kanskje ta dette toget.

1. Dette toget stopper ikke på Bødal. Vi kan ikke ta det. (Hvis)

2. Vi kan ikke ta det toget. (Hvorfor)

3. Jeg forstår ikke. Vi kan ikke ta det toget. (hvorfor)

4. Han hadde aldri vært der før. Han trengte hjelp med togtider. (Siden)

5. Han visste lite om toglinjene og tidene. Han var ekspeditør i byrået. (Selv om)

C. De - Dem - Deres[1]

Kunne <u>De</u> hjelpe meg litt med togtider og sånn?
Her har jeg et tog til <u>Dem</u>.
Billetten <u>Deres</u> gjelder i syv dager.

---

[1] *De* is the so-called "polite form" used in impersonal conversations between strangers such as with clerks in stores and travel bureaus, wait-persons in restaurants and service personnel in hotels and other settings. Although *De* is called the polite form, using it is not always experienced by native speakers of Norwegian as an expression of deference or respect. Many Norwegians feel the form creates an undesirable distance between people. Therefore, it is a good idea to use the same term as the person with whom you are conversing.

Oppgave: Skriv om med *du, deg, din-di-ditt-dine:*

1. Hva er yrket Deres?

2. Kjære Dem, det er jo det jeg har forsøkt å finne ut den siste
    halvtime.

3. Må De absolutt opp til denne Snåpen?

D. Utelatelse av bevegelsesverb med modale hjelpeverb.[2]

Øvelse - Stryk ut bevegelsesverb hvis det er mulig:

1. Kunden skulle reise til Snåpen.

2. Han hadde aldri reist til Snåpen før.

3. Han måtte dra til reisebyrået først.

4. Han drog dit i går.

5. Han ville gjerne reise på onsdag.

6. Han kunne ikke reise på fredag.

E. For å // å // til å // til // -- (ingenting):

Oppgave: Sett inn de riktige ordene.

1. Kunden kom til reisebyrået _____ kjøpe en billett.
2. Kunden hadde lyst _____ reise _____ Snåpen.
3. Ekspeditøren så i Ruteboken _____ finne et tog som
    passet.
4. Kunden hadde aldri vært der før så han ville gjerne _____
    ha hjelp.

---

[2] When the modal auxiliaries *skal / skulle, må / måtte,* or *vil / ville* plus a destination are present, the
verb of motion tends to be omitted. This is a useful construction as Norwegian lacks a generalized
verb of motion like the English verb "to go". *Å gå* with a human subject suggests walking and *å reise*
suggests a longer trip. *Å drå* comes closest to expressing unspecified locomotion from one place to
another, but isn't always appropriate.

«Til Snåpen» av Alfred Næss

II. Nytt Materiell

A. Modale hjelpeverbenes tider:[3]

Vi bøyer de modale hjelpeverbene slik:

å burde to ought to	bør ought to should	burde ought to should	har burdet
å få to be allowed to to get to	får is allowed to gets to	fikk was allowed to got to	har fått has been allowed to has gotten to
å kunne to be able to	kan can is able to	kunne could was able to	har kunnet has been able to
å skulle to be going to to be supposed to	skal is going to shall is supposed to	skulle was going to should	har skullet has been going to
å ville to want to	vil wants to will (probability)	ville wanted to would	har villet has wanted to
å måtte to have to	må must, has to	måtte had to	har måttet[4] has had to

Hvilken form av verbet bruker vi med modale hjelpeverb? _____

---

[3] Note that the past tense of modal auxilaries often seems more polite than the present tense: *Jeg skulle ha. . ., Kunne du. . ., Jeg ville gjerne. . .* This is also true in English.

[4] Note that while *må* means "have to" as well as "must," *må ikke* means "must not." "Don't have to" may be expressed as *trenger ikke å.*

Øvelse: Oversett til engelsk.

f.eks: Hvis han tok toget som gikk klokka 5.14, *ville* han *måtte* vente i fire timer på Bødal.
*(If he took the train that went at 5:14, **he would have to** wait for four hours at Bødal.)*

1. Kunden *har* ikke *kunnet* finne noe tog som går til Snåpen.

2. Ekspeditøren *burde ha kunnet* finne et tog som passet.

3. Andre kunder *har* også *måttet* vente lenge på Bødal.

4. Kunden *har* ennå ikke *fått* reise til Snåpen.

5. Ekspeditøren sa at han *ville kunne* komme til Bødal med tog klokken 18.00.

Oppgave: Sett inn hjelpeverbet i parentes:
(Insert the modal auxiliary, putting it into the same tense as the main verb of the existing sentence, make other changes necessary and translate to English.)
f.eks.
Han *har snakket* norsk lenge. (å ville)
Han *har villet snakke* norsk lenge. - He *has wanted* to speak Norwegian for a long time.

1. Vi har gjort alt arbeidet selv. (å måtte)

2. De hadde ikke sett alle filmene i byen. (å få)

3. Hun har gått på ski så lenge jeg har kjent henne. (å kunne)

4. Vi har ofte sagt det til ham. (å ville)

5. Hvor lenge ventet de? (å måtte)

Oversett til norsk:

"How long would he have to wait at Skramstad before he could travel to Snåpen?"

B. Direkte og indirekte tale:[5]

Vi bruker *direkte tale* når vi siterer hva et menneske har sagt:

1. «Toget *går* ikke de tre første dagene i uken,» sa ekspeditøren.
2. «Klokken 15.07 *er* litt sent,» sa kunden.
3. «Jeg *skal* finne Dem et tog,» sa ekspeditøren.
4. «Toglinjen til Skramstad *ble* nedlagt 1. januar,» sa ekspeditøren.
5. «De *må* bytte tog på Bødal,» sa ekspeditøren til kunden.

Vi bruker *indirekte* tale når vi forteller om hva et mennske har sagt:

1. Ekspeditøren sa at toget ikke *gikk* de tre første dagene i uken.
2. Kunden sa at klokken 15.07 *var* litt sent.
3. Ekspeditøren sa at han *skulle* finne ham (kunden) et tog.
4. Ekspeditøren sa at toglinjen til Skramstad *hadde blitt* nedlagt 1. januar.
5. Ekspeditøren sa at kunden *måtte* bytte tog på Bødal.

*Merk: Vi bruker *imperfektum* i indirekte tale når direkte tale var i *presens*. Vi bruker *plusvamperfektum* i indirekte tale når direkte tale var i *imperfektum*.

*Husk at etter "at" kommer adverbet foran verbet: "...*at toget ikke gikk*."

Oppgave: Skriv om til indirekte tale. (Rewrite in indirect discourse. Replace pronouns with appropriate nouns and pronouns.)

f.eks.- «De må gå av på Skramstad og ta buss derfra,» sa ekspeditøren. *Ekspeditøren sa at kunden måtte gå av på Skramstad og ta buss derfra.*

1. «Jeg gjør så godt jeg kan,» sa ekspeditøren.

2. «Jeg har aldri forstått disse togtabellene,» sa kunden.

3. «Billetten gjelder i syv dager,» sa ekspeditøren.

4. «Jeg forstod det ikke» sa kunden.

5. «Det var ikke meg som laget togtabellen,» sa ekspeditøren.

OBS! Tre ting å huske med indirekte tale:
Verbet går tilbake i tid.
Adverbet kommer foran verbet.
Pronomenene er i tredje person.

---

[5] We use <u>direct discourse</u> when quoting a speaker's exact words. We use <u>indirect discourse</u> when paraphrasing what a speaker has said. Note that we "push" the tense of the indirect discourse one tense earlier than the tense of the direct quotation. Thus if the direct quotation is in the present tense, we use the past tense in indirect discourse; if the direct quotation is in the past tense, we use the past perfect tense in indirect discourse.

C. Sikker

Hvem er du?:

Ting jeg er *sikker på*:   f.eks. Jeg vet at <u>det er dyrt å reise i
                                            Norge.</u> Jeg er (helt) sikker på at _____
                                            _____

Ting jeg er *mindre sikker på*:   f.eks. Jeg tror at <u>Britt drepte broren
                                            sin.</u> Jeg er nesten sikker på at _____
                                            _____

Ting jeg er *veldig usikker på*:   f.eks. Jeg vet ikke om <u>foreldrene vil
                                            fortelle Britt om hva hum gjorde.</u>
                                            Jeg er (slett) ikke sikker på at_____
                                            _____

<u>adjektiv</u>: (certain, sure)
    Jeg   Vi
    Du   er <u>sikker</u>.   Det er <u>sikkert</u>.   Dere er <u>sikre</u>.
    Han   De
    Hun

<u>adverb</u>: (certainly, surely)
    Det regner <u>sikkert</u> i morgen.

<u>Å være sikker på noe</u>:[6]
    «Er De *sikker på at* det ikke er stasjonens høyde over havet?»
    «Og De er helt sikk*er på at* det ikke står noen A'er eller B'er ved det?»

<u>Sikkert // helt sikkert</u>:
    Han kommer *sikkert* i kveld. (There is some doubt that he will arrive.)
    Han kommer *helt sikkert* i kveld. (There is no doubt that he will arrive.)

<u>Øvelse</u>:

    Toglinjen ble nedlagt i fjor.   Er du sikker på at toglingen ble
                                         nedlagt i fjor?
    Du må gå av på Bødal.   Er du sikker på at jeg må gå av på
                                         Bødal?
    Toget går ikke til Skramstad.   Er du sikker på at _____
    Jeg har aldri vært der før.   Er du sikker _____
    Bussen har nettop gått.   Er du _____
    Dette er mitt yrke.   Er du _____
    Det står ikke noen A'er eller   Er du _____
        B'er ved det.

---

[6] Note that "på" is a necessary part of this construction, and that the "at" introduces a dependent
clause with the adverb (if present) preceding the verb.

D. Modale Adverb[7]

jo: Men jeg hadde <u>jo</u> likesom tenkt å reise nå. (as you know)
Billetten gjelder <u>jo</u> i syv dager.

vel: Skal vi se -- det blir <u>vel</u> østre linje. (I guess; isn't it?)

visst: Det kjører <u>visst</u> en buss daglig. (I guess, apparently)

da: Det går <u>da</u> fint. (assurance)
Jeg hadde da tenkt å reise nå.(emphasis)

nok: Det er <u>nok</u> den sikreste måten å komme til Snåpen på. (probably)

E. Litt av hvert (Stryk ut ordene som ikke passer.)

1 I «Til Snåpen» (det var/var det) en kunde (som/hvem) kom til et

2 reisebyrå (å/for å/til å) kjøpe en billett til Snåpen. Ekspeditøren fant

3 fram Ruteboken, men han (ikke var/var ikke) til mye hjelp. Ikke bare

4 (hadde han/han hadde) store problemer med å lese Ruteboken, men

5 det viste seg at det (ikke fantes/fantes ikke) noe tog (det/som/at) gikk til

6 Snåpen i det hele tatt. Kunden (var/ble) mer og mer irritert, og til slutt

7 (han sa/sa han) at han skulle gå. Ekspeditøren svarte at det (nok

8 var/var nok) den sikreste måten å (få/komme) til Snåpen på.

F. Hvem er du?

Jeg gjør så godt jeg kan, men jeg klarer ikke _____.
Jeg er glad for at _____.
I dag må jeg absolutt _____.
På onsdag _____.
Siste fredag _____.
Neste måned _____.
Forrige (uke/måned) _____.
Jeg vil svært gjerne _____.
Jeg burde _____.
Før kunne jeg ikke _____,
    men nå kan jeg det.

---

[7] In conversation Norwegians frequently inject these words to flavor their utterances or change the mood of them. These so-called modal adverbs, have no single translation, but here are some guidelines: *jo* - "you know", "of course"; *vel* - "I suppose", or the rhetorical questions "are you?", "don't you?"etc.; *visst* - "apparently"; *da* - emphasizes the statement made; *nok* - "probably". Try the sentences above with and without the modal adverb to see how its presence changes the meaning and intonation. These will be taken up in more detail in «Barnets århundre», «Vær så god, neste», and «Den savnede».

«Barnets århundre» av Erik Strand Torgersen

I. Repetisjon

A. Adjektiv og adverb: (Se seksjon IV og VI B i grammatisk oversikt)

<u>Oppgave</u>: Sett inn den riktige formen av ordet i parentes og si om det er brukt som akjektiv eller adverb.

<u>adjektiv eller adverb?</u>

f. eks: Det er _____ at en gutt i hans alder får sove.(klar)
Det er <u>klart</u> at en gutt i hans alder får sove.   <u>adj</u>

1. Så mange tanker kom opp i hodet hans at han ble _____
   _____ (hel) (våken)
2. «Hva er det du tenker så _____ på da?» spurte faren.
   (hard)
3. «_____ natt og sov _____,» sa faren da han gikk.
   (god)
4. Det var en _____ mann som begynte krigen den gangen.
   (gal)
5. Det er ikke _____ å tenke på krig og være redd for det.
   (gal)
6. «Det vet du like _____ som meg,» sa faren.
   (god)

B. Å vite // å kjenne: (Se seksjon X D 1 i grammatisk oversikt)

Eksempler fra fortellingen:
«Åssen kan du <u>vite</u> det ikke blir krig mer?» spurte gutten.
«Nei, jeg bare <u>vet</u> det,» svarte faren.
«<u>Kjenner</u> du noen som kunne finne på sånt?» spurte faren.

Lag en setning med «visste»:_____
Lag en setning med «har kjent»:_____
Lag en setning med «å vite»:_____

C. All - alt - alle // alt - alle // hele:

All - alt - alle (adjektiv)

Nå må vi slutte med <u>all</u> pratingen. (en)
<u>Alt</u> gullet ble tatt ut av tennene. (et)
<u>Alle</u> menneskene ble drept. (flertall)

Alt // alle (pronomen)

<u>Alt</u> ble tatt fra dem. (ting)
<u>Alle</u> ble drept. (mennesker)

105

Alt - all // hele   (entall)

alt gullet   natta
all melken   uken
alt arbeidet (*kan ikke telles*)   tiden
all safta   hele   året (*kan telles*)
                                                          familien
                                                          måneden
                                                          klassen

<u>Oppgave</u>: Sett inn "all," "alt," alle," eller "hele."

1. Dette må ____ foreldre tenke på.

2. Gutten spurte om ____ faren hadde sagt var sant.

3. Foreldre trenger ikke å fortelle barna sine _____, men de burde heller ikke lyve
   for dem.

4. Har du lest _____ historien? Tok det _____ dagen?

5. Han sa at gutten ikke skulle ligge våken _____ natta.

D. **Ordstilling:** (Se seksjon VIII i grammatisk oversikt)

<u>Oppgave</u>: Lag én setning av elementene. (Add the word in parentheses and
combine into one sentence. Change word order as necessary.) Pass på tegnsetting
og ordstilling! (Watch punctuation and word order!)

f. eks.:   Været er bra i morgen. Vi kan gå på tur. (Hvis)
           Hvis været er bra i morgen, kan vi gå på tur.

1.   Faren var gutt. Han tenkte ikke på krig. (Da)

2.   Faren snakket med gutten. Han slukket lampa over senga. (Først. . .så)

3.   Faren ville ikke at gutten skulle tenke på krig. Han svarte ikke på hans
       spørsmål. (Fordi)

4.   Faren snakker ikke sant med gutten. Gutten vil aldri stole på ham. (Hvis)

5.   Foreldre snakker ikke sant med barna sine. Barna deres vet ikke hva de
       skal tro. (Når)

6.   Det var vanskelig for faren å snakke om krig. Han burde ikke ha løyet.
       (Selv om)

E. **Sa // så . . .la // lå. . .satt // satte:**

Oppgave: Sett inn det riktige ordet.

1. Gutten _____ i senga, men han fikk ikke sove.

2. Faren _____: «Du trenger å sove mer.»

3. Faren _____ seg på sengekanten for å snakke med gutten.

4. Før han gikk, _____ han dyna godt om gutten.

5. Da lyset var slukket, _____ faren ikke noe lys under døra.

6. Faren _____ og snakket lenge med gutten.

F. **Hvis // om:** (Se seksjon X D 8 i grammatisk oversikt)

Eksempler fra fortellingen:
Faren sa: «Hvis været er bra i morgen, kan vi gå på tur.»
Gutten visste ikke om han kunne stole på faren.

1. Gutten spurte _____ alt faren sa var sant.
2. _____ det regner, må vi bli hjemme.
3. Kan vi spille tennis _____ det regner?
4. Vet du _____ det vil regne i morgen?
5. Har du hørt _____ han kommer?

G. **Modale adverb:**

jo: *«Du sover jo aldri før langt på natt.»*
        «Det ble jo krig den gangen.»   **(som du vet)**
        «Det er jo tull alt sammen.»

vel: *«Du må vel skjønne at det ikke finnes noen sånn mann.»*   **(ikke sant?)**
         «Du er vel ikke så dum at du tror mennesker kunne gjøre sånt med hverandre.»

visst: *«Du tenkte ikke på krig da du var gutt, gjorde du visst?»*   **(tror jeg)**

da: *«Jeg er da ikke sint.»*
        «Du må da ikke tro på alt du hører heller.»   **(det synes jeg sannelig)**

nok: *«Når det var pent vær og ingen skyer, kikket Petter nok ned på dem*
         fra himmelen der oppe.»   **(antagelig)**

Øvelse: Sett inn riktig modalt adverb og les med riktig intonasjon.

1. Faren ville ___ ikke snakke om krig. (som du vet)

2. Faren ville ___ ikke snakke om krig. (antagelig)

3. Faren ville ___ ikke snakke om krig. (det tror jeg sannelig)

4. Faren ville ___ ikke snakke om krig. (ikke sant?)

Oppgave: Sett inn riktig modalt adverb og les med riktig intonasjon.

1. Du må ___ sove mer. (som du vet)
2. Vi kan ___ ikke gå på tur hvis det blir dårlig vær. (antagelig)
3. Faren hadde ___ aldri tenkt på krig da han var gutt. (ikke sant?)
4. Faren hadde ___ mye å tenke på etter at han hadde snakket med gutten.
     (antagelig)
5. Faren ville ___ ikke at sønnen måtte tenke på krig siden han var så ung. (ikke
     sant)
6. Han må ___ forstå at det er viktig å snakke sant med barnet. (synes jeg
     sannelig)

H. Jo:

Jo er ikke bare et modalt adverb. Det brukes også slik:[1]

1. *«Bruker jeg ikke snakke sant?»*   *«Jo, . . .»*
   «Stoler du ikke på hva jeg sier?» «Jo . . .»
   «Jeg får sikkert sove hvis jeg ber til Gud . . . Tror du ikke?»   «Jo, kanskje det.»

2. *«Hvordan det?» spurte faren.   «Jo, for det ble jo krig den gangen.»*
   «Hvordan går det?»   «Jo, bare bra, takk.»

3. *Jo mer gutten tenkte på krig, jo reddere ble han..*
   *Jo oftere vi snakker om **dette, jo** bedre forstår jeg det.*

Merk ordstillingen i setningene med "jo. . .jo"![2]

Oppgave:

1. Skriv ferdig: Jo hyggeligere de hadde det, _____ på
   krig.   (the more the boy had to think)

2. Oversett:
     a) The more the boy thought about war, the more frightened he became.

     b) Wasn't the boy afraid of war? Yes, he was very scared.

---

[1] "Jo" has other uses besides as a modal adverb. It can mean the equivalent of "yes," when the question contains *"ikke"* or when doubt is expressed; "well," as a filler when answering a question, a way for the speaker to obtain thinking time; and "the. . .the" with comparatives to form the equivalent of English "the. . .the".
[2] Notice that subject and verb are inverted in the second clause.

«Barnets århundre» av Erik Strand Torgerson

II. Nytt materiell

A. Passiv[3]

Vi leste i teksten:

«Tenk om dere <u>blir</u> puttet i gassovner og <u>blir</u> brent opp etterpå.» (What if you are put into gas ovens and are burned up afterwards?)

Dette er en passiv setning. I en passiv setning er det ikke subjektet som gjør noe. Noe <u>blir gjort</u> med subjektet.

<u>Hvordan danner vi passiv?</u> Se på eksemplene:

aktiv   passiv

Faren vil <u>slukke</u> lyset.   *Lyset vil <u>bli slukket</u>.* (infinitiv)
Faren <u>slukker</u> lyset.   *Lyset <u>blir slukket</u>.* (presens)
Faren <u>slukket</u> lyset.   *Lyset <u>ble slukket</u>.* (imperfektum)
Faren <u>har slukket</u> lyset.   *Lyset <u>har blitt slukket</u>.* (perfektum)

Vi danner passiv ved å bruke <u>bli</u> pluss <u>perfektum</u> partisipp.

Skriv de fire formene av "å bli":

_____   _____   _____   _____
infinitiv   presens   imperfektum   perfektum

*<u>Merk</u>: Objektet i den aktive setningen blir til _____ i den passive setningen.

<u>Øvelse 1</u>: Les disse setningene og si om de er aktive eller passive.

	aktiv // passiv
f.eks. Faren lo av sønnen sin.	aktiv
1. Mange mennesker ble drept da det var krig før.	
2. Håret ble brukt i madrasser.	
3. Faren sa at det ikke ville bli krig igjen.	
4. Gutten ble redd da han hørte om krigen.	
5. Foreldrene hans kunne bli tatt og puttet i gassovner.	

---

[3] In a passive sentence the subject is the receiver rather than the performer of the action. In English the passive is formed with tenses of the verb "to be" and the past participle. "They <u>were put</u> into gas ovens." The past participle is also used in forming the Norwegian passive, but here it is combined with the appropriate tense of the verb å bli: *De <u>ble puttet</u> i gassovner.* To be able to be used in the passive, a verb must be one that takes an object, i.e., it must be transitive.

Øvelse 2: Hva heter disse setningene i passiv?

     (aktiv)   (passiv)

1. Faren vil bre dyna over gutten.   Dyna vil bli bredd over gutten.
2. Faren brer dyna over gutten   _____
3. Faren bredde dyna over gutten.   _____
4. Faren har bredd dyna over gutten.   _____

Oppgave: Skriv disse setningene om til passiv. Bruk samme tid *(same tense)*.

     aktiv   passiv

1. De <u>tok</u> alt gullet ut av tennene på dem. Alt gullet ble tatt . . . _____
2. De <u>brente</u> menneskene opp etterpå.   _____
3. De <u>brukte</u> det som var igjen til gjødsel. _____
4. Faren <u>lukket</u> døra.   _____
5. Moren <u>hadde laget</u> en spesiell   _____
    middag til dem.

B. Å være // å bli:[4]

*<u>Merk</u>: Vi bruker "å bli" på mange måter.

    Oppgave 1: Oversett disse setningene til engelsk, og legg særlig merke til hva <u>bli</u>
         betyr.

                                                   bli betyr
1. Hvis gutten ikke sover, blir han kanskje syk.   *will get*
2. Jeg hadde vondt i magen så jeg ble hjemme.   _____
3. Gutten var redd for at det ville bli krig.   _____
4. Jeg håper at det ikke blir krig.   _____
5. Når det er krig, blir mange mennesker drept for
    ingen ting.   _____
6. Lars vil gjerne bli lærer.   _____

Skriv her de forskjellige betydninger av "å bli" fra listen ovenfor: _____

En av betydningene av "*å bli*" er "to be"; "*å være*" betyr også "to be". Når bruker vi "*å
bli*" istedenfor "*å være*"?   a)_____   b)_____

    Oppgave 2: Sett inn den riktige formen av det riktige verbet (*å være* eller *å bli*), og
         si om setningen er aktiv eller passiv.

                                            aktiv/passiv
1. «Du kan ikke <u>være</u> trøtt og uopplagt når vi skal   aktiv
    på tur,» sa faren. (be)
2. Kanskje det ____ krig igjen. (will be)   _____
3. Gutten ____ redd for krig. (was)   _____
4. Han hadde hørt om mange mennesker som hadde   _____
    _____ drept i den andre krigen. (been)

---

[4] In English the verb "to be" is used in both active and passive sentences. In Norwegian *å være* is used in active
sentences and *å bli* is used in passive ones. Keep in mind that *å bli* also has the active meanings "to remain (stay)"
"to become (get)" and "to be" (future tense).

5. Faren sa at mannen som hadde begynt den krigen _____
_____ gal. (was)
6. Gutten ____ holdt våken av sine tanker om   _____
krig og sult. (was)

Oppgave 3: Oversett til norsk (be especially careful how you translate the forms of "to be").

1. The father said that there would not be war.

2. The boy was afraid that his parents would be killed.

Oppgave 4: Lag fire passive setninger. Subjektene er gitt: (Use the subject and verb tenses indicated, include an "av" clause.)
f.eks. Døra *ble lukket* av faren. (imperfektum)
Bøkene _____. (imperfektum)
Arbeidet _____. (perfektum)
Golvet _____. (presens)
Middag må _____. (infinitiv)

Skriv nå dine passive setninger om til aktive setninger:

Faren lukket døra.

_____
_____
_____
_____

C. **Å synes // å tro // å tenke**.[5]

Eksempler:

Gutten synes det er vanskelig å tro på Gud.   (Value judgement
Hva synes du om fortellingen?   based on experence.)

Faren tror at det ikke blir krig mer.   (Belief about something one
Han trodde at gutten hadde sovnet for lenge siden. does not know)

Gutten tenkte mye på krig.   (Thought process; to ponder)
Faren sa at han ikke hadde tenkt på krig da han var gutt.

---

[5] All three of these words would be translated "think" in English, but they may not be used interchangeably.

Å tenke means "to ponder" and describes the actual process of thought; it is also used in quoting someone's thoughts: *Gutten tenker på krig. «Jeg er redd» tenker han.*

Å tro means "to believe" and is used when the subject has no personal experience of the thing his is talking about; it is related to the English word "troth" (faith). *«Jeg tror ikke det blir krig mer.» «Tror du på Gud?»*

Å synes is used when the subject does have personal experience on which to base his opinion: *Gutten synes det er vanskelig å tro på Gud.*

Note that *synes* may only be used about matters of opinion; *tror* is used about matters of fact. *Jeg tror han har skrevet ei bok.* (He either did or did not write the book.) *Jeg tror boka er god.* (This would be used if the speaker has no personal knowledge on which to base the opinion, i.e. has not read the book.) *Jeg synes boka er god.* (This would be used if the speaker has read the book.) Note that sentences with *synes* often contain an adjective.

Oppgave 1: Sett inn imperfektum av *"synes," "tro,"* eller *"tenke"*
1. Gutten _____ mye på krig og sult.
2. Faren _____ at gutten lå våken hele natten.
3. Faren _____ at været ville bli bra neste dag.
4. Han _____ at de hadde hatt en hyggelig kveld.
5. Gutten _____ at det kunne bli krig igjen.
6. Faren sa at han _____ det var dumt å _____ på krig.
                                                         (infinitiv)

*Merk: å tenke <u>på</u>, å synes <u>om</u>, å tro <u>på</u>.

Oppgave 2: Sett inn det riktige ordet:
1. Tror han _____ Gud?
2. Hva sitter du og tenker _____?
3. Hva synes du _____ været i dag?
4. Gutten tenker mye _____ krig og sult.

Oppgave 3: Se på bildet.

— *Kjenner du meg ikke igjen? Jeg er din kjære bror Viggo som reiste til Amerika...*

Hva <u>synes</u> kvinnen om mannen som kommer til døra?
Hva <u>tror</u> mannen hennes om mannen?

D. X vil at Y skal . . .:[6]

Faren vil at gutten skal sove.
(The father wants that the boy shall sleep.) -- The father <u>wants the boy to</u> sleep.

Faren ville at gutten skulle sove.
(The father wanted that the boy should sleep.) -- The father <u>wanted the boy to</u> sleep.

<u>Oppgave</u>: Oversett til norsk:

1. The boy wanted the father to talk with him.

2. The father didn't want the son to lie awake all night.

E. Uttrykk: Særlig med preposisjoner.

<u>Oppgave</u>: Sett inn de riktige ordene.

1. Faren lo ____ guttens tanker.
2. Gutten fikk ikke sove fordi han var redd ___ krig.
3. Faren sa at det ikke var noe å bry seg ___.
4. Gutten fikk jo aldri sove før langt ___ natt.
5. Gutten skjønte ikke hvorfor faren ble så sint ___ ham.
6. Faren hadde ikke tenkt ___ krig da han var gutt.
7. En gutt ___ hans alder trenger å sove mer.
8. Gutten ville at faren skulle høre ___ hva han sa.
9. Tror du faren løy ___ gutten?
10. Gutten trodde ikke at faren ville ha tid ___ å ta en tur neste dag.

F. Litt av hvert (Stryk ut ordene som ikke passer):

1 «Barnets århundre» er om en liten gutt som er redd (av/for/på) krig. Faren (hans/sin)

2 sier at det (bare er/er bare) tøys å tenke (på/om/av) krig for det (ikke blir/blir ikke) krig

3 mer. Det var en gal mann (som/hvem) begynte krigen før, og det (vil aldri/aldri vil) skje

4 igjen. Nå (forteller gutten/gutten forteller) faren om det som skjedde under den andre

5 verdens krigen, men faren sier at han (aldri har/har aldri) hørt på maken til ville

6 fantasier. Barnet (er ennå/ennå er) redd og tror at det (kanskje vil/vil kanskje) hjelpe

7 hvis (han ber/ber han) til Gud. Faren (sier ikke/ikke sier) mye til det, men lover at de

8 skal gå på tur neste dag hvis (været er/er været) bra. Til slutt (faren brer/brer faren)

9 dyna om gutten og går sakte (ned/nede) trappa.

---

[6] *X vil at Y skal*: This is the equivalent of "X wants Y to" in English. *Faren vil at gutten skal sove.* (The father wants the boy to sleep.) Note that the tenses and of the two verbs, *vil* and *skal*, must agree. *Gutten ville at faren skulle snakke med ham.* (The boy wanted his father to talk to him.)

G. Hvem er du?

Jeg er redd for _____

Det som holder meg oftest våken er _____

Jeg får alltid sove når _____

Jeg tenker ofte på _____

Jeg bryr meg ikke om _____

Jeg skjønner ikke _____

Når jeg trenger hjelp _____

Jeg synes det er vanskelig _____

Jeg gruer meg til _____

Jeg gleder meg til _____

«Vær så god, neste» av Ebba Haslund

I. Repetisjon

A. Tidsuttrykk: (Se seksjon X D 6 og seksjon X C i grammatisk oversikt)

Oppgave: Sett inn de riktige ordene.

1. Mannen hadde ventet så _____ at han nesten hadde glemt hvorfor han var der. (long)
2. Kontorsøsteren sa at mannen hadde kommet _____ . (three hours ago)
3. Hun sa at mannen kunne snakke med legen _____ . (in fifteen minutes.)
4. Han prøvde å avbryte legen mange _____ . (times)
5. Mannen ventet på legen _____ mange timer. (for)
6. Han hadde ikke oppsøkt en lege _____ mange år. (for/in)
7. Han hadde kommet til legekontoret tidlig _____ . (in the morning)
8. _____ gikk langsomt mens mannen ventet på legen. (The time)

B. Modale adverb (Se seksjon VI D i grammatisk oversikt)

jo: Finn 3 eksempler på modalt adverb "jo" i teksten:
1._____
2._____
3._____

vel: Finn ett eksempel på modalt adverb "vel" i teksten:
_____

da: Finn ett eksempel på modalt adverb "da" i teksten:
_____

nok: Finn ett eksempel på modalt adverb "nok" i teksten:
_____

(Merk: "Nok" kan også bety 'enough', men da er det ikke et modalt adverb!)

C. Refleksive verb: (Se seksjon II B i grammatisk oversikt)

Oppgave: Finn eksempler på fire forskjellige refleksive verb i teksten.

1.

2.

3.

4.

D.   Hvor er det? Si det på norsk:

in front of
in back of (behind) _____
next to
above, over
to the right of
to the left of

E.   Adjektiv og adverb: (Se seksjon IV og VI i grammatisk oversikt)

<u>Oppgave</u>: Sett inn den riktige formen av ordet og si om det er et adverb eller et
        adjektiv.

adverb/adjektiv?

f.eks. - Han hørte _godt_ på det legen sa. (god)   <u>adverb</u>

1.   Kontorsøsteren likte ikke den_____pasienten.   _____
     (innpåsliten)

2.   Alt kan skje i ens _____ arbeide. (daglig)   _____

3.   Legen så på mannens _____ uttrykk.   _____
     (ulykkelig)

4.   Mannen pustet og hostet _____ . (lydig)   _____

5.   Legens _____ kontorsøster sa at mannen måtte vente   _____
     på tur. (dyktig)

6.   Hun trodde at han bare var en _____ pasient.   _____
     (innpåsliten)

7.   "Kan dette være _____ ?" spurte han.   _____
     (nødvendig)

8.   Legen likte ikke at mannen hostet så _____.   _____
     (stygg)

F.   Å tro // synes // tenke: (Se seksjon X D 2 i grammatisk oversikt)

<u>Oppgave</u>: Sett inn den riktige formen av det riktige ordet: "tro", "synes" eller "tenke".

1.   Mannen hadde _____ det ville være vanskelig å få penger av en lege.
     (før han prøvde)

2.   Mannen _____ det var vanskelig å få penger av legen. (etter at han
     prøvde)

3.   Han _____ han hadde ventet altfor lenge.

4.   Kontorsøsteren _____ han bare var en pasient.

5.   Hun _____ han var innpåsliten.

G. Ordstilling:

Oppgave 1: Skriv ferdig disse setningene. (Base your sentences on the facts in «Vær så god, neste.»

f.eks.- *Siden mannen prøvde å trenge seg foran hele tiden, trodde kontorsøsteren han var en innpåsliten pasient.*

1. Siden legen hadde undersøkt så mange pasienter den dagen,_____.

2. Da mannen endelig kom inn på legens kontor,
_____.

3. Etter at legen var ferdig med å undersøke mannen,
_____.

4. Da mannen fortalte hvorfor han var der,_____.

5. Legen og kontorsøsteren spurte ham hvorfor
_____.

Oppgave 2: Lag én setning av elementene.

f.eks.: (og så) Legen undersøkte mannen. Han gav ham en resept.
Legen undersøkte mannen og så gav han ham en resept.

(da) 1. Legen bad mannen kle av seg. Mannen ble forvirret.

(men) 2. Mannen prøvde å fortelle legen hvorfor han var der. Legen lot ham aldri snakke.

(hvis) 3. Mannen ble ikke bedre. De ville ta et røntgenbilde.

(så) 4. Kontorsøsteren var dyktig og bestemt. Mannen gjorde som hun sa.

(først. . .
og så) 5. Mannen måtte kle av seg. Han måtte puste og hoste for legen.

H. Passiv: (Se seksjon V E i grammatisk oversikt)

Oppgave: Skriv *passive* setninger med følgende subjekter og verb. Bruk *imperfektum.*

1. Pasienten _____. (å undersøke)

2. Skjorta, jakka og skjerfet _____. (å ta)

3. Resepten _____. (å skrive)

4. Regningen fra bygningskompaniet
_____. (å levere)

I.   Modale hjelpeverb: (Se seksjon V D i grammatisk oversikt)

Oppgave: sett inn de riktige ordene: Bruk riktig form av riktig modalt
    hjelpeverb.

f.eks. - Mannen likte ikke _____ så lenge. (to have to wait)
    Mannen likte ikke å måtte vente så lenge.

1.   Han _____ (had only wanted to deliver) en
     regning. Han _____ (hadn't been able to deliver) den
     før.

2.   Leger _____ (ought to listen)bedre på pasientene sine.

3.   Det _____ (would be) bedre _____ (to be able to
     talk) lenger med leger.

4.   Legen _____ (wanted) at pasienten _____ kle av seg.

«Vær så god, neste» av Ebba Haslund

II. Nytt materiell

A. Å be // å spørre // å fortelle:[1]

Kontorsøsteren __bad__ mannen komme inn.
The nurse asked/told the man to come in.

Doktoren __bad__ mannen kle av seg.
The doctor asked/told the man to undress.

Doktoren __fortalte__ mannen om sykdommen.
The doctor told the man about the disease.

Mannen __spurte__ legen om det var farlig.
The man asked the doctor if it was dangerous/serious.

Verbene bøyes slik:

å be	ber	bad	har bedt
å spørre	spør	spurte	har spurt
å fortelle	forteller	fortalte	har fortalt

Oppgave 1 - Sett inn riktig form av "*be*", "*spørre*" eller "*fortelle*".

f.eks. Legen ____ mannen komme tilbake neste måned.
      Legen __bad__ mannen komme tilbake neste måned.

1. Etter at legen hadde undersøkt pasienten, _____ han ham at han var syk.

2. Da mannen _____om han måtte kle av seg, sa legen ja.

3. Legen ____ mannen puste dypt og hoste.

4. Mennene på bygningskompaniet hadde _____ ham at det ville være vanskelig å få penger av en lege.

5. Mannen _____ kontorsøsteren om han måtte vente enda lenger.

6. Mannen prøvde _____ dem hvorfor han var der.

---

[1] When we ask or tell another person to do something, we use "*å be*."
  When we ask a question, we use "*å spørre*."
  When we tell someone about something, we use "*å fortelle*."

Oppgave 2 - Skriv setninger med de oppgitte ordene, bruk *å fortelle*, *å be*, eller *å spørre* (in the tense idicated).

f.eks. - å sette seg: *Legen bad mannen sette seg.*
      (imperfektum)

1. en god historie: _____
      (imperfektum)
2. å kle av seg: _____
      (presens)
3. hvorfor han måtte: _____
      (imperfektum)
4. å hoste: _____
      (perfektum)

Oppgave 3 - Skriv om til indirekte tale. Bruk riktig form av "be" eller "spørre."

Eksempler: «Kle av Dem.» -- *Legen bad mannen kle av seg.*
      «Må jeg kle av meg?» spurte mannen. -- *Mannen spurte om han måtte kle av seg.*

1. «Er det enda flere pasienter som venter?» spurte legen.

2. «Gjør som doktoren sier,» sa kontorsøsteren.

3. «Har De noen smerter?» spurte legen.

4. «Ta medisinen tre ganger daglig,» sa legen.

5. «Er det noe farlig?» spurte mannen.

6. «Kom tilbake til kontroll om en måned,» sa legen.

B. **Å komme // å bli // å hente // å få:**[2]

Når <u>kom</u> mannen tilbake fra legekontoret?
      (When did the man <u>get/come</u> back. . .)

Mannen <u>ble</u> syk og måtte oppsøke en lege.
      (The man <u>got/became</u> sick. . .)

Legen hadde gått og <u>hentet</u> tapetene noen uker før.
      (The doctor had gone and <u>gotten/fetched</u>. . .)

Han hadde ikke <u>fått</u> regningen ennå.
      (He hadn't <u>gotten/received</u> the bill. . .)

Han <u>fikk</u> ikke si noe til legen.
      (He didn't <u>get/wasn't permitted to</u> say anything. . .)

---

[2] In English we use the verb "get" to express several different meanings. These are idiomatic meanings that do not work in Norwegian, where you have to decide if you mean "come," "become," "fetch" or "be permitted to," and use the appropriate verb.

Oppgave - Sett inn de riktige ordene.

1. Når _____ hjem i går kveld. (did you get)

2. Nå har været begynt _____ kaldt igjen. (to get)

3. Han ____ sint hver gang han tenkte på regningen. (got)

4. Har du gått og _____ karakterene dine ennå? (gotten)

5. Pleier du _____ mange brev hver dag? (to get)

6. Mannen _____ legen om regningen på en stund. (didn't get to tell)

C. Presens partisipp[3]

Presens partisipp brukes som adjektiv og adverb på norsk. Her er noen eksempler fra teksten:

Doktoren lytter mens mannen <u>avvekslende</u> puster og forsøker å komme til orde. ("alternatingly" from <u>å avveksle</u> - to alternate)

Mannen sier <u>hikstende</u>, "Hør her doktor. . ." ("gaspingly" from <u>å hikste</u> - to gasp)

Doktoren sier <u>beroligende</u>, "Ta nå ikke sorgene på forhånd." ("soothingly" from <u>å berolige</u> - to soothe)

Doktoren og kontorsøsteren stirrer <u>måpende</u> på hverandre og på mannen. ("gapingly" from <u>å måpe</u> - to gape)

Oversett til norsk:
This is a little confusing. (to confuse = *å forvirre*)

_____

*Merk: uttrykkene **å bli sittende, å bli liggende, å bli stående**

Oversett til engelsk:
Mannen ble sittende mens legen undersøkte ham.

_____

Obs! Vi kan ikke bruke presens partisipp hver gang vi oversetter <u>-ing</u> fra engelsk!

_____

[3] The *present participle* is formed by adding - *ende* to the infinitive. It may *only* be used as an adjective or adverb.

D. Hvordan uttrykker vi den engelske "-ing" på norsk?[4]

1. **Adverb og adjektiv:** (Her *kan* vi bruke presens partisipp.)

    Det er hyggelig å høre på <u>syngende</u> barn.
    (It's nice to listen to *singing* children.)

    Han gikk <u>syngende</u> nedover gata.
    (He went *singing* down the street.)

2. **Verbet i presens eller imperfektum:**

    Legen <u>undersøker</u> pasienten nå.
    (The doctor is *examining* the patient now.)

    Mannen <u>ventet</u> lenge.
    (The man was *waiting* a long time.)

    <u>Merk</u>:[5] For å understreke at handlingen foregår over et lengre tidsrom,
    kan vi på norsk bruke to verb i samme tid; vanligvis bruker vi *sitte, stå,
    ligge* eller *gå*:

    Legen <u>står og undersøker</u> pasienten nå.
    (The doctor *is* examin*ing* the pasient now.)

    Mannen <u>satt og ventet</u> lenge.
    (The man *was* wait*ing* a long time.)

3. **Infinitiv som subjekt eller objekt i setningen:**

    <u>Å synge</u> er morsomt. Singing is fun.
    Jeg liker <u>å synge</u>. I like *singing*.

4. **Infinitiv etter verbene "å høre" og "å se"**

    Moren hørte Britt gråte.
    (The mother heard Britt *crying*.)

    Vi så dem komme.
    (We saw them *coming*.)

---

[4] *Expressing -ing in Norwegian*: There are many different ways of expressing the equivalent of "-ing" in Norwegian. They are not interchangeable. You must look at how the "-ing" expression is functioning in the sentence to determine how it should be rendered in Norwegian.

[5] To emphasize the extended nature of an action, Norwegian may combine two verbs in the same tense. This usage is coverd more thoroughly in the chapter accompanying «Barnetime for de voksne».

5. **Substantiv + "som" setning:**

Er det flere <u>pasienter som venter</u>?
(Are there more *patients waiting*?)

Er det mange <u>studenter som skal</u> til Norge i sommer?
(Are there many *students going* to Norway this summer?)

Var det <u>mange som sang</u> i koret?
(Were there *many singing* in the choir?)

6. **Faste uttrykk: (preposisjon + infinitiv)**

Legen var <u>ferdig med å undersøke</u> mannen.
(The doctor was *finished examining* the man.)

Studentene <u>gleder seg til å reise</u> til Norge.
(The students are *looking forward to traveling* to Norway.)

Er du <u>glad i å synge</u>?
(Are you *fond of singing*?)

Mannen var <u>interessert i å få</u> pengene.
(The man was *interested in getting* the money.)

Han gikk <u>uten å få</u> pengene.
(He left *without getting* the money.)

<u>Oppgave:</u> Sett inn de riktige ordene.

Den dansende kvinnen

1 Kari liker å danse. _____(Dancing) er det beste hun vet. "Jeg vil ikke hjem ennå,"

2 sier hun. "Jeg er ikke _____ (finished dancing)." Mannen hennes er

3 _____ (fond of dancing) med henne. Han er ikke

4 _____ (interested in dancing) med noen andre, men han

5 _____ (always looks forward to dancing) med henne.

6   "Se på det _____ (dancing) ekteparet," sier de andre, litt misunnelig.

7 Kari og mannen hennes hører ikke på dem, de går bare _____ (dancing) bort over

8 golvet. Nå er det ikke noen andre par _____ (dancing). Det er bare Kari og

9 mannen hennes _____ (dancing).

10   Hvor var dere i går kveld?" spør en venninne neste dag. Vi var ute og

11 _____ (dancing) hele natten, og _____ (were having) det svært hyggelig!

E.   Komparativ med <u>enda</u>, superlativ med <u>aller</u>:

Repeter komparasjon av adjektiv og adverb. (Se seksjon VII i grammatisk
   oversikt.)

"Er det *enda flere* pasienter som venter?" spurte legen.   (even more, still more)
<u>Enda</u> kan kombineres med alle komparative former:
         Oversett disse eksemplene til norsk.
         1. even smaller   _____
         2. even older   _____
         3. even more expensive   _____

Mannen fra bygningskompaniet var den *aller siste pasienten*.   (the very last
   patient)
<u>Aller</u> kan kombineres med alle superlative former:

         Oversett til norsk:
         1.   the very nearest doctor's office   _____
         2.   the very best medicine   _____
         3.   the very worst illness   _____

F.   Å lure på, å være sikker på, å være redd for, å ha rett i:

*Mannen hadde ikke sagt hvorfor han var der. Legen og kontorsøsteren <u>lurte på</u>
   <u>hvorfor</u> han ikke hadde sagt det.* (. . .<u>wondered why</u> he hadn't. . .)

*Mennene på bygningskompaniet hadde hatt å gjøre med leger før. De <u>var sikre på</u>
   <u>at</u> det ville være vanskelig å få penger av en lege.* (. . .<u>were sure</u> it would
   be . . .)

*"Men om medisinen ikke hjelper?" Mannen <u>var redd for at</u> medisinen ikke ville
   hjelpe.* (. . .<u>was afraid that</u> the medicine wouldn't. . .)

*Det blir vanskelig å få penger av en lege, hadde mennene på bygningskompaniet
   sagt. Mennene på bygningskompaniet <u>hadde rett i at</u> det kunne bli vanskelig å
   få penger av en lege.* (. . .<u>were right that</u> it could be . . .)

<u>Øvelser:</u>

Han måtte vente (så) lenge.	**Mannen lurte på hvorfor** <u>han måtte vente så</u> <u>lenge.</u>
Han kunne ikke gå foran de andre.	Mannen lurte <u>på hvorfor han ikke</u> <u>kunne gå foran de andre.</u>
Legen snakket ikke med ham.	Mannen lurte_____.
"Er det noe farlig?"	**Mannen lurte på om** <u>det var noe farlig.</u>
"Kan det være nødvendig?"	Mannen lurte på om <u>det kunne være</u> <u>nødvendig.</u>
"Må jeg kle av meg?"	Mannen lurte_____.

"Skal jeg betale?"   Mannen lurte_____.

"Bør jeg komme til kontroll?"   Mannen lurte_____.

Mannen var ikke syk.   **Legen var sikker på** <u>at mannen ikke var syk.</u>

Pasienten måtte undersøkes.   Legen var sikker på <u>at pasienten måtte undersøkes.</u>

Det var ikke noe farlig.   Legen var sikker_____.

Medisinen vil ikke hjelpe.   **Mannen var redd for** <u>at medisinen ikke ville hjelpe.</u>

Det lar seg ikke kurere.   Mannen var redd for at <u>det ikke lot seg</u>_____
    kurere.   <u>kurere.</u>

Han vil måtte vente hele dagen.   Mannen var redd_____

Legen bør ta en liten pause.   **Kontorsøsteren hadde rett i** <u>at legen burde ta en liten pause.</u>

Legen kan ikke snakke med   Kontorsøsteren hadde rett <u>i at legen ikke</u>
mannen før han har undersøkt ham.   <u>kunne snakke med mannen før han hadde undersøkt ham.</u>

Det vil gå mye fortere hvis   Kontorsøsteren_____.
mannen gjør som legen sier.

G. Litt av hvert (Stryk ut ordene som ikke passer.)

1   «Vær så god, neste» er om en mann som (hadde å/måtte) sitte og vente på et

2   legekontor (for/i/på) over to timer. Kontorsøsteren (trodde/syntes/tenkte) han

3   (bare var/var bare) en annen pasient, og hun (trodde/syntes/tenkte) han var

4   innpåsliten fordi (han prøvde/prøvde han) å trenge seg foran (hele/alle) tiden.

5   (Når/Da) mannen (slapp endelig/endelig slapp) inn til legen, (han hadde/hadde

6   han) nesten glemt hvorfor (han var/var han) der.

7   Legen (spurte/fortalte/bad) ham kle av seg, og mannen (spurte/bad)

8   (hvis/om) det kunne (var/være) nødvendig. Legen sa at det var det, så (mannen

9   måtte/måtte mannen) ta av klærne (hans/sine). Så (han ble/ble han) undersøkt

10   av legen (som/hvem) (spurte/fortalte/bad) ham puste og hoste. Legen

11   (fortalte/bad) mannen at de ville ta et røntgenbilde hvis han (ble ikke/ikke ble)

12   bedre. Først (de ville/ville de) forsøke medisinen. Da (han hadde/hadde han)

13   kledd på seg igjen, (kontorsøsteren sa/sa kontorsøsteren) at det kom til tyve

14   kroner. Mannen kunne nesten ikke (tro/trodde) sine egne ører. Han

15   (spurte/bad) (hvis/om) det (var virkelig/virkelig var) han (som/hvem/at) skulle

16   betale. Nå (han fortalte/fortalte han) dem endelig hvorfor (han var/var han) der,

17   og alle lo.

H. Hvem er du?

(Stryk ut ordene som ikke passer:)

Jeg har (aldri, sjelden, noen ganger, ofte, vanligvis, alltid) smerter i ryggen.

Jeg er (slett ikke, ikke, ikke så veldig, nokså, ganske, svært, fryktelig) kilen.

Jeg er (aldri, sjelden, ofte, vanligvis, alltid) helt frisk.

Jeg oppsøker (aldri, sjelden, noen ganger, ofte, vanligvis, alltid) en lege når jeg
er syk.

Jeg tar (aldri, sjelden, nokså ofte, ganske ofte, alltid) sorgene på forhånd.

Jeg spiser (aldri, sjelden, nokså ofte, ganske ofte, alltid) sunn mat.

Oversett tekstene til engelsk; bruk "-ing":

GRYNT

DETTE VAR EN FIN DAG·· ··SYND Å ØDELEGGE DEN ··· VED Å STÅ OPP

BB12   *A-Magasinet*

GRYNT

NOEN GLEDER SINE VENNER VED Å KOMME·· ···ANDRE GLEDER DEM·· ·· VED Å GÅ—

8028

A-Magasinet

—Det var ikke jeg som ropte
om hjelp. Det var min mor!

...hentet fra *Hjemmet*, 22.
august 1991

I. Kryssord (Ord fra «Til Snåpen», «Barnets århundre» og «Vær så god, neste»)

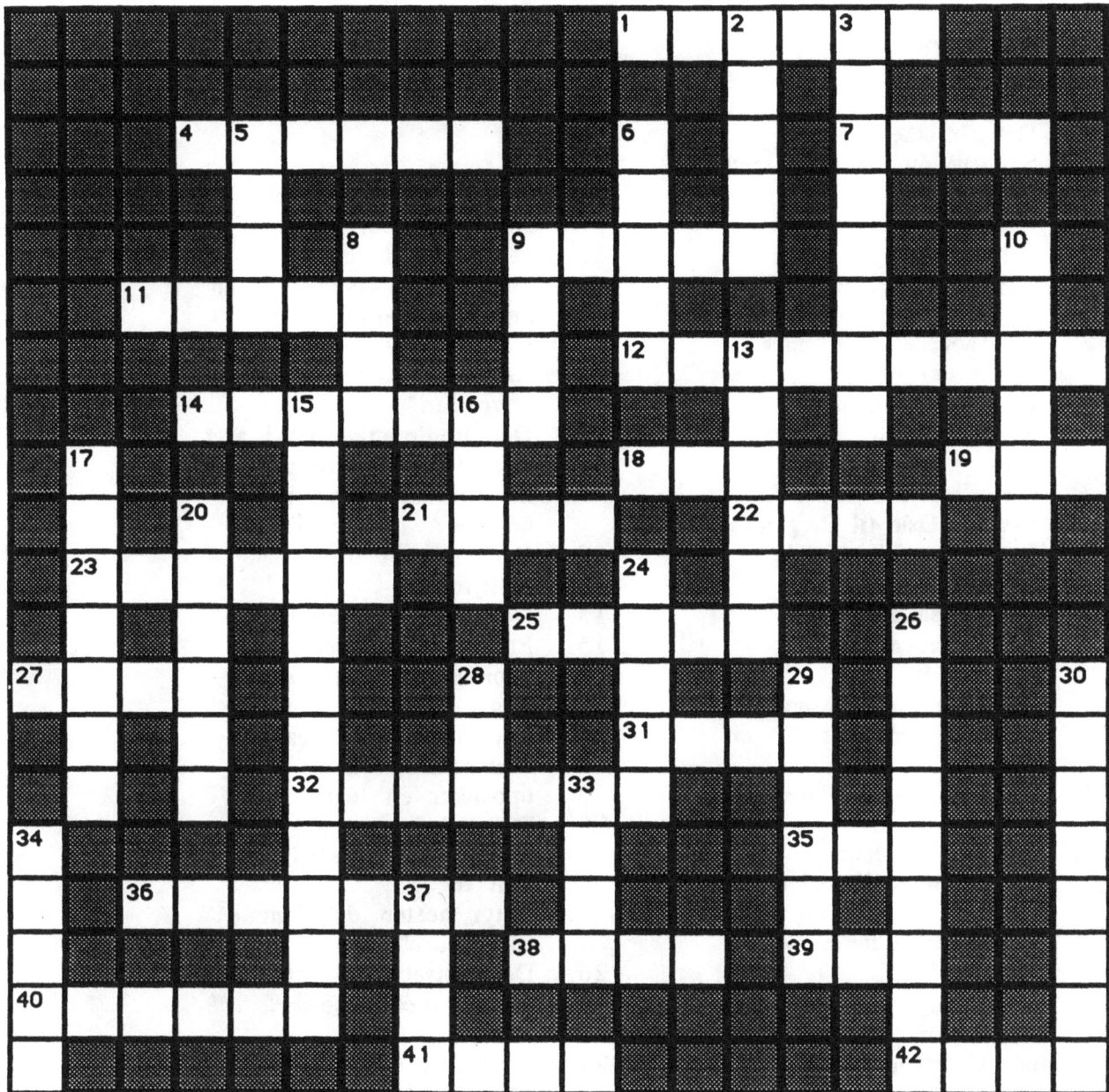

GRYNT

MANGE SYNES SIKKERT AT ...DET ER FINT Å BLI PENSJONIST ...

...MEN DE MISTER GLEDEN

... VED Å SKULKE JOBBEN

A-Magasinet

I. Kryssord (fortsatt) STIKKORD

Vannrett

1.   Dagen før torsdag
4.   Det som ikke er mulig, er

      _____

7.   Det går ikke tog til
      Snåpen; du må reise med

      _____

9.   Betyr det motsatte av å
      "glemme"
11. Skjorta passet godt til
      _____ hans (klær)
12. Noe som absolutt må
      gjøres er _____
14. Betyr omtrent det
      s a m m e
      som "prøve" (verbet)
18. Du reiser med dette, f.
      eks. fra Oslo til Bergen
19. Dette gjør folk når de
      snakker med Gud
21. Det motsatte av "snill"
22. Betyr det motsatte
      av "snakke sant"
23. Dette får du på pannen og
      under armene når det er
      v a r m t
25. Det motsatte av "pen"
      eller "vakker"
27. Doktor i medisin
31. Det er 24 av disse i et
      døgn
32. Dette verbet heter "keep"
      på engelsk
35. Dette legger du på
      spisebordet, spesielt ved
      et litt festlig måltid
36. Dette trenger du for å
      reise med tog, eller for å
      komme inn på teater
38. Du sover i en av disse om
      natten
39. Stasjon på Bergensbanen,
      omtrent midt mellom Oslo
      og Bergen
40. Betyr å "se lenge på"

41. Betyr det samme som "tøys"
      eller "vås"
42. Dette verbet heter
      "dread" på engelsk

Loddrett

2.   Betyr omtrent det samme
      som "langsom"
3.   Dette gjør du når du
      begynner å snakke før en
      annen er ferdig
5.   Det motsatte av "lys"
6.   Betyr det samme som
      "hvordan"
8.   Den tredje måneden i året
9.   Den delen av kroppen
      hvor du har øyne, ører,
      hår, osv.
10. Betyr "svært trøtt",
      "utkjørt"
13. Dette betyr "hver dag"
15. Et bilde som viser
      hvordan du ser ut inne i
      deg
16. Det motsatte av "varm"
17. Den som er syk og
      oppsøker en lege
20. Dette skriver legen for å
      vise hvilken medisin du
      skal ta
24. Betyr nesten det samme
      som "høre"
26. Det motsatte av "lett"
28. Du går med disse på
      føttene
29. Betyr det samme som
      "meget" eller "svært"
30. En hundreårsperiode,
      f. eks. fra 1800 til 1900
33. De fleste nordmenn sover
      under en av disse
34. Betyr det motsatte av
      "syk"
37. Perfektum partisipp av "å
      ta"

«Desertøren» av Boris Vian

oversatt av André Bjerke

A. Passiv med -s:[1]

Vi har allerede sett passiv med bli: *Golvet blir vasket nå.*
                                    (. . . is being washed . . .)

Vi kan også lage passiv på en annen måte: *Golvet vaskes nå.*
Vi kan bruke infinitiv + -s.   (. . . is being washed . . .)

Andre eksempler:
Lyset slukkes klokka 10. (The light is turned out at 10:00.)
Hår klippes her. (Hair is cut here.)
Mange julebrev skrives hvert år. (Many Christmas letters are written . . .)

I eksemplene ovenfor ser vi at denne formen blir brukt i presens. Denne
    formen kan også brukes med modale hjelpeverb, det er også infinitiv:

Lyset skal slukkes seinere i kveld. (The light is going to be turned out. . .)
Håret må klippes nå. (The hair must be cut now.)
De andre brevene kan skrives seinere. (The other letters can be written later.)

Øvelse:

Når vaskes golvene og tavlene i klasseværelsene på skolen din?

Når serveres frokost/lunsj/middag på kafeteriaen på skolen din?

Oppgave 1: Oversett disse eksemplene til engelsk:

f.eks. Middag lages nå. *Dinner is being made now.*
1. Kniven brukes slik.
2. Papir burde ikke kastes på golvet.
3. Vinduet må lukkes.
4. Døra stenges klokka ti.

---

[1] The *s-passive* is used especially for customary and general activities and may often be seen on signs: *Biler kjøpes og selges* (Cars bought and sold); *Klær vaskes* (Clothes washed). The s-passive is also often used with modal auxiliaries: *Bilen må selges* (The car must be sold); *Klærne skal vaskes* (The clothes are supposed to be washed). Thus the form, made by adding -s to the infinitive, is both the present tense and the infinitive form. S-passive can express rules or expected conditions while the *bli*-passiv can express actually existing conditions:

Desired: *Hjemmelekser leveres inn daglig. Sigaretter røykes ikke i stua.*
Actual case: *Hjemmelekser blir levert inn daglig. Sigaretter blir ikke røykt i stua.*
In spoken Norwegian, the passive with *bli* predominates.

<u>Oppgave 2</u>: Skriv eksemplene 1-4 om til <u>passiv med bli.</u>

f.eks. - *Middag blir laget nå.*
1.
2.
3.
4.

<u>Oppgave 3</u>: Sett inn <u>passiv med -s:</u>

f.eks. - *Hver dag <u>skrives</u> (are written) det mange brev.*

1.   Denne fortellingen _____ (is read) hvert år av norskklassen.

2.   Golvet må _____ (be washed) i dag.

3.   Alt dette andre arbeidet kan _____ (be done) i morgen.

4.   Denne maten burde _____ (be eaten) snart.

<u>Husk</u>: Vi bruker "å bli" i passiv og når det er en overgang (transisjon). Vi
        bruker "å være" om tilstander som varer en stund.

<u>Oppgave 4</u>:   Sett inn de riktige ordene:[2]

f.eks. - Kaffen <u>var</u> (was) kald. Kaffen <u>ble</u> (got) kald.

1.   Den hadde ikke_____ (been drunk).

2.   Vi _____ (were) for opptatt med andre ting.

3.   Golvene og vinduene måtte _____ (be washed). De
        _____ (were) skitne.

4.   Hvorfor hadde dette ikke _____ (been done) før?

---

[2] Remember that we use "å bli" in passive sentences and when describing a transition, but "å være"
about existing or lasting conditions.

Oppgave 5: Sett inn de riktige ordene og si om setningen er aktiv eller passiv.

aktiv / passiv?

f.eks. - Det _har vært_ (has been) en lang dag.   _aktiv_

1. Når _____ (was) lyset slukket?   _____

2. Har maten _____(been eaten) ennå?   _____

3. Har du _____ (been) borte lenge?   _____

4. Det _____ (was) en lang samtale.   _____

B. Utelatelse av "hvis" [3]

«. . . og får De tid, kan hende» = Hvis De får tid, kan hende
De leser dette brev.
(If you get time perhaps you'll read this letter.)

Finn et eksempel til fra «Desertøren» (skriv om med "hvis", og oversett til engelsk):

_____
_____
_____

Et eksempel fra «Barnets århundre»:

«Skal det bli noen tur i morgen, må du legge deg til å sove.» = Hvis det skal bli noen tur i morgen, må du legge deg til å sove.

Oppgave 1: Skriv disse setningene om med "hvis"-setningen først. Husk at når en bisetning kommer først, får du inversjon i hovedsetningen som kommer etter.

f.eks. - Du kan alltid spørre læreren hvis du har problemer med dette.
Hvis du har problemer med dette, kan du alltid spørre læreren.
1. Det blir kanskje ikke krig igjen hvis vi tenker på det nå.
2. Vi kan ta en tur hvis været blir bra i morgen.
3. Vi kan ikke gå på tur hvis du er trøtt og uopplagt.
4. Jeg får sikkert sove hvis jeg ber til Gud.

Husket du å sette komma etter bisetningen?

---

[3] A condition may be expressed in Norwegian by placing the verb first (inversion). The word order in these conditional clauses resembles that of a question, but the intonation is different and a consequence of the condition follows in the conditional sentence:
Får De tid?   (Will you have time?)
Får De tid, kan hende De leser dette brev.   (If you have time, maybe you'll read this letter.)

<u>Oppgave 2</u>: Skriv om setningene (som du har skrevet ovenpå) <u>uten</u> "hvis":

f.eks. Hvis du har problemer med dette, kan du alltid spørre læreren.
Har du problemer med dette, kan du alltid spørre læreren.

1.
2.
3.
4.

<u>Merk</u>[4]: «Hvis jeg tenker på det nå, <u>så</u> blir det kanskje ikke krig.»
«Når vi har det koselig, <u>så</u> må jeg tenke på krig.»
«Når jeg sier at det ikke blir krig, <u>så</u> blir det ikke krig!»

C. **Verbets tider** (Repetisjon)
    Diktat:

Robert

Jeg heter Robert. Jeg kom til Norge for seks måneder siden for å forsøke å arbeide og bo her i landet. Jeg fant ikke arbeid med en gang, men etter et par uker fikk jeg en stilling på et kontor. Der arbeidet jeg i tre måneder. Jeg skrev brev på engelsk og fransk, og satt på kontoret fra ni til fire med en liten lunsjpause fra tolv til halv ett.

I den første tiden var det svært vanskelig for meg, for jeg snakket ikke et ord norsk. Kollegene på kontoret var hyggelige mot meg, de prøvde å lære meg litt norsk, men det tok mange uker før jeg forstod hva de sa til meg. De fleste snakket ganske godt engelsk, men jeg hadde veldig lyst til å lære deres eget språk.

Det ble på mange måter lettere for meg da jeg begynte å forstå norsk og selv greide å snakke litt.

De lo litt av meg, kollegene på kontoret, da jeg sa mine første ord, men etter en tid gikk det bedre. Nå forstår jeg nokså mye av det nordmenn sier til meg, men jeg må lære å snakke fortere og riktigere.

Kan du finne alle 22 verb i dette stykket? Kan du bøye dem?

D. **Å // og // for å // til // til å // -- (ingen ting)**

    <u>Oppgave</u>: Sett inn riktig ord.
    1. Robert kom _____ Norge _____ forsøke _____ arbeide _____ bo i landet.
    2. Han gledet seg _____ begynne _____ arbeide.
    3. Men han gruet seg litt _____ snakke med kollegene på kontoret fordi han ikke kunne et ord norsk.
    4. Han ville svært gjerne _____ lære deres språk, og han hadde tid _____ gjøre det.
    5. Han begynte _____ snakke så mye han kunne med kollegene sine.
    6. Mannen i "Desertøren" skrev _____ presidenten _____ fortelle ham hvorfor han ikke ville _____ gå i krig.
    7. Han sa at han ikke hadde blitt sendt _____ jorden _____ drepe.
    8. Han ville ikke _____ skyte andre, og han ville sikkert ikke _____ skytes selv.

---

[4] Oral style: these examples from «Barnets århundre» include "så" in the second clause. This "så" is often used in conversation, but not in more formal or written style.

E. Mer om "hvis"[5]

Trussel: Hvis du ikke spiser frokost, <u>får du ikke nok energi.</u>

Fantasi: Hvis jeg var rik, <u>ville jeg kjøpe et nytt hus.</u>

Anger: Hvis jeg hadde lest mer, <u>ville jeg ha fått en bedre karakter.</u>

Skriv selv: Hvis du ikke _____

    Hvis jeg var rik, _____

    Hvis jeg (ikke) hadde _____

F. Hvem er du?

Siste gang jeg skrev brev, var det for å _____

Siste gang jeg fikk brev, kom det fra _____

Det gjør meg sint å _____

Jeg nekter å _____

---

[5] If-clauses can express threat (*trussel*): If you don't eat your vegetables. . .; fantasy (*fantasi*): If I were rich. . .; regret (*anger*): If I had studied harder. . . .

G. Hva sier de?

(a) -Du har arbeidet altfor hardt i det siste. Jeg anbefaler at du reiser på ferie til Mallorca.

(b) -Nå har han glemt å kjøpe tannpasta igjen!

(c) -Skal vi ikke like godt lunsje her, når vi nå er her?

(d) -Når det blir kaldere, vil jeg være sammen med Arvid, for han har lukket bil . . .

(e) -Ja, det er min mann, men ta det rolig - han er forsikret.

(f) -Min mann kan ikke komme til telefonen nå, han spiller med Kringkastingsorkesteret.

(g) -Jeg synes det ser litt hyggeligere ut på denne måten.

(h) -Denne fløyten kan garantert bare høres av hunder.

(i) -Du skulle egentlig hatt et lys for hvert år, Berta, men jeg var redd for å sette fyr på huset!

(j) -De kan bare stryke min spesialitet, suppe royale à la Alfred, fra spisekartet. Jeg kan ikke finne bokseåpneren!

(k) -De signaliserer og spør om styrbord er høyre ellr venstre . . .

Oppgave: Match the letter of the caption above with the appropriate cartoon on the next page.

1. _____   7. _____

2. _____   8. _____

3. _____   9. _____

4. _____   10. _____

5. _____   11. _____

6. _____

Hva sier de?

H. Et bilde er verdt tusen ord:
   Fortell i ord hva tegneserien forteller i bilder:

«Barnetime for de voksne» av Anne-Cath. Vestly

A. Vi ser inn i framtiden:

© United Feature Syndicate, Inc./PIB

Futurum kan uttrykkes på forskjellige måter:[1]

1. **Presens pluss et tidsledd:**

    Mor reiser på klinikken i morgen.
    Babyen kommer snart.

2. **"Skal" og "vil" pluss infinitiv:**

    Det er en tendens til å bruke "skal" i 1. person:
    Jeg skal reise på mandag.

    og "vil" i 2. og 3. person:
    Vil du reise neste uke?
    Når vil han reise?

3. **"Kommer til å"** (dette er den "reneste" måten å uttrykke futurum på):

    Anton kommer til å få en ny søster eller bror.
    Han kommer sikkert til å ha flere spørsmål.

---

[1] Of the various ways to form the future, *kommer til å* is the most versatile since it doesn't require another element of the sentence to indicate futurity (as does using the present tense) or carry the

Futurum med "kommer til å" er nøytral, mens "skal" og "vil" kan uttrykke tvang ("skal") eller vilje ("vil"):

Du skal gjøre det slik. (You're supposed to do it like this.)
Vil du reise til Norge? (Do you want to go to Norway?)

"Vil" uttrykker også at noe *antagelig* vil skje, særlig med upersonlig subjekt:

Tror du det vil regne i morgen? (Do you think it will rain tomorrow?)
Alt vil bli forklart seinere. (Everything will be explained later.)

<u>Oppgave</u>: Bruk futurum med "kommer til å":

1. Anne-Cath. Vestly _____ (will get) mange flere brev om programmet sitt.

2. Anton _____ (will understand) dette bedre seinere.

3. Foreldrene _____ (will) sikkert _____ (tell) ham mer når han blir eldre.

4. Anne-Cath. Vestly _____ (will make) mange flere programmer.

5. _____ (Are you going to travel) til Norge snart?

4. **"Blir" og "vil bli"**   (engelsk "be" i futurum)

Eksempler fra teksten:
"Den der <u>blir</u> for liten til meg," sa Anton.   (will be)
"Når kommer babyen?" *"Det <u>blir</u> ikke så lenge til."* (will be)

5. **Å få:** (engelsk "have" i futurum)

Moren til Anton <u>får</u> et barn. (is going to have)
Mange foreldre <u>får</u> vondt i hodet når de får dette spørsmålet. (get a headache)

B. **Tidsuttrykkene "om" og "i"** (repetisjon):

Moren til Anton kommer til å få baby _____ kort tid. (<u>in</u> a short time)
Hun reiser på klinikk i dag og vil være der _____ tre dager. (<u>for</u> three days)

C. **Å lage // å få (en) til å (gjøre noe) // å gjøre (en) trist, glad, osv. // å gjøre feil:**

Eksempler: *Moren <u>laget</u> frokost.* (to make, prepare)
Studentene <u>gjorde</u> noen feil. (to make mistakes)
Moren <u>fikk</u> barnet <u>til å</u> spise. (to make someone do something)
Solskinn <u>gjør</u> meg <u>glad</u>. (make someone feel an emotion)

---

suggestion of modality (as do *skal* and *vil*).

<u>Oppgave</u>: Sett inn de riktige ordene:

1. Noen av historiene vi har lest _____ (have made me sad),
   men denne historien _____ (made me laugh).

2. Studentene _____ (didn't make many mistakes) på
   denne prøven.

3. Læreren _____ (made) noen øvelser for å _____ (to make)
   studentene _____ (use) de nye ordene.

4. Mange foreldre _____ (make) de samme feilene som foreldrene i
   historien.

5. Hva var det som _____ (made) Anne-Cath. Vestly _____
   (write) denne historien?

6. Barnet var forvirret. Alle hadde forskjellige forklaringer for hvor barn
   kom fra og det _____ (made) ham bare mer forvirret.

— Nå, for å gjøre en lang historie kort, så endte
det med et kompromiss mellom oss og Statsbanene.

Hvem er du?

1. Er det noe eller noen som har fått deg til å le i det siste?

2. Hva gjør deg trist?

3. Hva gjør deg glad?

4. Hva gjør deg sint?

5. Hva gjør du for å gjøre andre glad?

D. Galt // feil; riktig // rett:

Det var galt. (That was wrong.)
Jeg tok feil. (I was wrong.)
Det var riktig. (That was right.)
Jeg hadde rett. (I was right.)

Oppgave:

1. Foreldrene _____ (were wrong) da de ble sint på Anne-
   Cath. Vestly.
2. _____ (It is wrong) å lyve for barn.
3. Anne-Cath. Vestly _____ (was right) da hun sa det var
   moren som skulle få barnet.

E. **Å utvide handlingen i tid:**[2]

   1. **Ekstra verb:**[3]

   Moren til Anton satt og strikket på en liten sparkebukse. (was knitting)

   Anton satt og så på strikketøyet -- lenge. (was looking at)

   Den kvelden lå Anton lenge og tenkte før han sovnet. (lay thinking)

   Andre eksempler:

   Vi sitter og snakker om filmen etterpå.

   Jeg ligger ofte og leser i senga.

   Han går og tenker på henne hele tiden.

   Hun står lenge og ser på bildet.

   Vi kan bruke samme konstruksjon i andre tider:

   Vi satt og snakket om filmen etterpå.
   Jeg lå ofte og leste i senga.
   Han gikk og tenkte på henne hele tiden.
   Hun stod lenge og så på bildet.

   Vi har sittet og snakket om filmen.
   Jeg har ofte ligget og lest i senga.
   Han har gått og tenkt på henne hele tiden.
   Hun har stått og sett på bildet.

   Oppgave: Skriv disse setningene om slik at handlingen utvides i tid.
   Bruk verbet i parentes:
   f.eks. - Tante Agnete banket på døra. (å stå)
   Tante Agnete stod og banket på døra.

---

[2] In English we have the progressive tenses with "is," "was," or "has been" to indicate an action that takes place over an extended time: They *are painting* their house; We *were eating* dinner; She *has been learning* Norwegian. Norwegian has other ways of expressing that an action extends over a period of time; it may 1) add an extra adverb, 2) use the expression "holde på med å" or 3) use "bli" + present participle.

[3] Combining one verb (e.g. "å strikke") with another expressing an appropriate accompanying activity ("å sitte") expands the length of time during which the activity is felt to be taking place. *Mor sitter og strikker* may be translated: "Mother is knitting." The accompanying verb describes an action or bodily position but is not necessarily to be taken literally. Note that the verb tenses must match.

1. Foreldrene hvilte middag. (å ligge)

2. Anton tenkte på det nye barnet. (å gå)

3. Anton passet huset. (å sitte)

4. De små babyene svømmer i et stort tjern. (å ligge)

5. Martin feide gata. (å stå)

2. Å holde på med å:

Martin <u>stod og feide</u> gata. = *Martin holdt på med å feie gata.*

Andre eksempler:
Moren til Anton <u>holder på med å strikke</u> en sparkebukse.
Hun <u>holdt på med å lage</u> middag da faren kom hjem.

<u>Oppgave</u>: Sett inn "holde på med å"
f.eks. - Vi vasket bilen da de kom.
    Vi holdt på med å vaske bilen da de kom.

1. Jeg skriver brevet nå.

2. Leser du denne boka eller kan jeg låne den?

3. Hun har laget middag i hele ettermiddag.

4. Bygger de et nytt hus?

3. "Bli" + presens partisipp:

Mor <u>ble sittende</u> helt stille et lite øyeblikk (da hun ble spurt hvor babyer kommer fra).

Her betyr "bli" *å fortsette å være.*
f.eks. - *Jeg reiste til Norge bare for sommerferien, men <u>ble boende</u> der i fem år.*

<u>Oppgave</u>: Sett inn "bli" + partisipp --
f.eks. - Han gikk ikke, han bare satt der.
    Han gikk ikke, han ble bare sittende der.

1. Hun stod ikke opp, hun lå i senga.

2. Jeg satte meg ikke, jeg stod bare foran fjernsynet.

F. Uttrykk:

<u>Oppgave</u>: Sett inn det riktige ordet.
f. eks. - ___ hvilken grad er det riktig å si at Oslo er en typisk europeisk by?
    I hvilken grad er det riktig å si at Oslo er en typisk europeisk by?

1. De voksne sa de ville slå _____ radioen når Vestly hadde «Barnetime».
2. Men mange barn skrev at Vestly ikke skulle være lei _____.
3. Barna hadde nemlig ikke tatt ____ nær ____ det hun sa.
4. Denne historien har ikke kommet _____ trykk før.
5. Vet du hvor jeg kan få tak ___ en kopi av *Ole Aleksander Filibom-bom-bom*?
6. Tror du du ____ rett? Nei, du _____ feil!
7. _____ vidt Vestly kunne skjønne var det *moren* til Ole Aleksander som skulle få barnet.
8. Anton sa at sparkebuksen var for liten _____ ham.

G. **For å // til å // å // -- (ingenting):**

Oppgave: Sett inn de riktige ordene.[4]
f. eks. - Anton gikk ut *for å* leke med Lars.

1. Anton hadde lyst _____ være med sin mor og pelle ut babyen.
2. Anton ville gjerne _____ finne ut hvor babyer kommer fra.
3. Han trodde at moren hans hadde reist på landet _____ kjøpe baby.
4. Han gledet seg _____ få en ny søster eller bror.
5. Foreldrene gruet seg _____ fortelle ham hvor babyer virkelig kommer fra.
6. De hadde ikke tatt seg tid _____ forklare dette før.
7. Anne-Cath. Vestly ble glad da hun fikk anledning _____ sende denne historien på bestesendetid om kvelden.

H. **Infinitiv etter verbene "be", "la", "høre", "se", "føle":**

Se på tegneserien «Knøttene», i A ovenfor:
Sofie visste at Baltus burde bekymre seg fordi hun så ballen komme.

*Merk at vi bruker infinitiv her, uten "å":

Andre eksempler:
Anton hørte tante Agnete banke på døra.
Anton så Martin komme oppover gata.

Oppgave:

1. Far lot Anton _____ (believe) at babyen skulle komme med storken.
2. Foreldrene bad Anton _____ (to sit) og passe stua.
3. Mor følte Anton _____ (looking) lenge på henne.
4. Tante Agnete bad Anton _____ (to go out and play).
5. Kunne du høre _____ (the baby crying)?
6. Er det noen som så _____ (the car coming)?

I. **Modale hjelpeverb med perfektum:**

*Merk: det er meget vanlig å utelate <u>ha</u> når vi har et modalt hjelpeverb og perfektum: *det kunne vært (det kunne ha vært)* - (it could have been)

---

[4] The "til å" expressions must just be learned as vocabulary; there is no rule as there is with "for å" (in order to).

Oversett til engelsk:

Hvordan kunne jeg visst det?
Det ville vært morsomt å besøke ham.
Du skulle sett det!
Det ville jeg aldri trodd.

J.   Ord: Hva heter det motsatte av:

minste _____	i byen _____
søster _____	i sommer _____
mor _____	husker _____
barn _____	en dame _____
først _____	kom _____
galt _____	kjøpe _____
slå av _____	kjøpte _____
stygt _____	dyr _____
små _____	dit _____
lei seg _____	spørre _____
verre _____	mye _____
skynde seg _____	over _____
fort _____	liten _____
lite _____	ualminnelig_____
lille _____	lang _____
satt _____	komplisert _____
gamle _____	lukke opp _____
stort _____	åpne _____
ha rett _____	vanskelig _____
glemt _____	sovnet_____

K.   "Da" til å forsterke spørsmål og forsikre svar.[5]

"Da" kan forsterke spørsmål:

«Kunne jeg snakke da, da?»
«Hvorfor ikke det da?»
Nordmenn sier også: *«Hva da?»* *«Når da?»* *«Hvem da?»*

Dessuten sier de: *«Ja da»*, *«Jo da»* og *«Nei da»*.

I disse tilfellene blir utsagnet mer forsikrende eller beroligende med "da".

---

[5] The addition of "da" to these sentences strengthens the questions and makes the answers more
reassuring.

L.   Jeg skulle ønske // Jeg ønsker meg

Jeg skulle ønske at jeg fikk en liten bror eller søster. (I wish that ...)
Jeg ønsker meg en liten bror eller søster. (I want ...)

GRYNT

A-Magasinet

M.   Å være // å bli (repetisjon)

Anton hadde flere spørsmål (sett inn "var" eller "ble"):

1.   «_____ jeg dyr?» (Was I expensive?)
2.   «_____ jeg kjøpt på landet?» (Was I bought in the country?)
3.   «Hvordan _____ jeg født?» (How was I born?)
4.   «_____ du født sånn?» (Were you born like that?)

N.   Hvem er du?

Jeg skulle ønske at _____.
Jeg ønsker meg _____.
Jeg er virkelig spent på _____.
Jeg husker helt tydelig min første_____.
Jeg synes det er merkelig at _____.
Jeg synes det er bare rett og rimelig at _____.

O.   Litt av hvert (Stryk ut ordene som ikke passer)

1   "Barnetime for de voksne" (var/ble) skrevet fordi Anne-Cath Vestly ønsket (seg/-) å
2   vise at barn forstår mye mer enn voksne ofte (synes/tror/tenker). Hun skrev det
3   (etter/etter at) en del foreldre (var/ble) sinte på at hun fortalte i "Barnetime for de
4   minste" at moren til Ole Aleksander skulle (ha/få) barn.
5   I fortellingen er det en liten gutt, Anton, (hvem/som/at) spør hvor (babyer
6   kommer/kommer babyer) fra. Han spør fordi han selv (skal snart/snart skal) få en
7   liten bror eller søster. Alle de voksne forteller ham forskjellige historier om hvor den
8   babyen skal komme fra. Moren sier at babyer (er/blir) kjøpt på landet, faren sier at
9   de (er/blir) båret i storkens nebb fra Nilens bred og tante Agnette sier at de svømmer
10   i et tjern (opp/oppe) i himmelen til de får lyst til å komme (ned/nede) til jorden.
11   Ingen av de voksne forteller Anton sannheten. Bare Lars, en av Antons
12   (lille/små) venner, forteller ham hvordan det (er egentlig/egentlig er). Men da
13   (Anton endelig får/får Anton endelig) høre sannheten, (han tror/tror han) det ikke.
14   Han (synes/tror/tenker) ikke det kan være så *enkelt* for ellers (ville de voksne/de
15   voksne ville) sagt det.

«Den savnede» av Arnulf Øverland

I. Repetisjon

A. Noen - noe - noen ... ingen - ikke noe - ingen:
(Se seksjon III C i grammatisk oversikt)

Som adjektiv:

Har du <u>noen</u> gang vært i Russland?	(en)
Fru Hempel tok frem <u>noe</u> tøy.	(et)
Georg hadde <u>noe</u> tobakk igjen.	(kan ikke telles)
De prøvde å få sendt brev <u>noen</u> ganger.	(flertall)

Det var <u>ingen</u> post.	(en)
Det var <u>ikke</u> <u>noe</u> arbeid.	(et)
Han hadde <u>ikke</u> spist <u>noe</u> mat.	(kan ikke telles)
Det var <u>ingen</u> jobber å få.	(flertall)

Som pronomen:

Det lignet <u>noe</u> hun hadde drømt.	(ting)
Hun hadde <u>ikke</u> <u>noe</u> å gi bort.	(ting)
Etti gikk ut for å treffe <u>noen</u>.	(mennesker)
Det var <u>ingen</u> hjemme.	(mennesker)

<u>Oppgave</u>: Sett inn *noen // noe // ingen // ikke noe* og si om det brukes som adjektiv eller pronomen. Answers must correspond to the facts of «Den savnede».

	adjektiv/pronomen
f. eks. Lise hadde ikke hørt <u>noe</u> fra Georg på 15 år.	<u>pronomen</u>

1. Fru Hempel hørte at _____ ringte på døra. _____

2. Hun trodde det var _____ som ville be _____
    om ____ å spise. _____

3. _____ hadde skrevet til Lise om Georg. _____

4. «Har du spist _____ mat i dag?» spurte hun. _____

5. Så smurte hun _____ brødskiver til sin mann. _____

6. Var det _____ kaffe igjen? _____

7. «Hvis du ikke kan få _____ arbeid, så vet _____
    ikke jeg,» sukket Lise.

8. Han sa _____ om at verkstedet hadde vært hans. _____

Ingen // ikke noen:[1]
I en bisetning kommer adverbet foran verbet. Derfor bruker vi alltid <u>ikke</u> <u>noen</u> istedenfor <u>ingen</u> i bisetninger.

Det var <u>ingen</u> post.
Han spurte hvorfor det <u>ikke</u> hadde vært <u>noen</u> post.

---

[1] Since the adverb must come before the verb in dependent clauses, "ingen" breaks down to "ikke noen" in those clauses, so that "ikke" may precede the verb.

Det var <u>ingen</u> jobber å få.
Hun sa at det <u>ikke</u> var <u>noen</u> jobber å få.

Det var <u>ingen</u> hjemme.
Vi så at det <u>ikke</u> var <u>noen</u> hjemme.

<u>Øvelse</u>: Begynn setningen med konjunksjonen og gjør nødvendige forandringer:
f. eks.
    Hun kjente ingen der. (siden)
    Siden hun ikke kjente noen der . . .

1. Det var ingen skyer. (når)
2. Det var ingen studenter på forelesningen. (siden)
3. Hun leste ingen andre aviser. (fordi)
4. Georg hadde ingen jobb. (hvis)

B. **Modale adverb:** (Se seksjon VI D i grammatisk oversikt)
   Eksempler fra «Den savnede»:

   jo: "*Etti måtte jo være stor pike nå.*"   **(som du vet)**
          Finn 3 eksempler til i teksten:
           1._____
           2._____
           3._____

   nok: "*Hun hadde nok forandret seg svært.*"   **(antagelig)**
          Finn 2 eksempler til i teksten:
           1._____
           2._____

   da: "*Men hun var da rikelig pen enda.*"   **(det synes jeg sannelig)**
          Finn 2 eksempler til i teksten:
           1._____
           2._____

   vel: "*Det var da vel ikke henne han hadde*   **(ikke sant? Kan det**
           møtt i trappen?"   **være sant?)**
          Finn 2 eksempler til i teksten.
           1._____
           2._____

C. **Å bli** (Se seksjon V E i grammatisk oversikt)
   Her er noen setninger med "bli" fra teksten. Si om setningene er aktive eller passive og oversett dem til engelsk:

                                         <u>aktiv / passive</u>

   f.eks. *Klokka ble ni.* It got to be nine o'clock.   <u> aktiv </u>
   1. Nei, jeg ble tatt til fange.   _____
   2. Det var i 1915 du ble borte.   _____
   3. Og så ble vi fanget på ny.   _____
   4. At hun var blitt eldre, ja det var hun jo.   _____
   5. Det ble pinlig.   _____

Merk: "Å bli" blir ofte brukt med presens partisipp:

"*Etti ble stående og se på ham.*" Etti stood (remained standing) looking at
    him. (Merk infintiv "å se"!)
"*De to ble sittende.*" The two of them sat(remained sitting) there.

D. **Litt av hvert:** Stryk ut ordene som ikke passer.

1. Georg hadde vært borte (i / på / for) femten år.
2. De hadde ikke hørt fra ham (i / på / for / siden) femten år.
3. Han hadde blitt borte (i femten år / på femten år / for femten år siden).
4. Lise (bodde / levde) i Tyskland. Hun (visste / kjente) ikke at Georg
    ennå (bodde / levde).
5. Hun (syntes / trodde / tenkte) han var (død / døde).
6. Georg (syntes / trodde / tenkte) det var underlig å være (hjem /
    hjemme) igjen.
7. Hans hjemkomst ble ikke slik han hadde (syntes / trodd / tenkt).
8. (Når / Da) Lise endelig (visste / kjente) ham igjen, (spurte hun / hun
    spurte): "Lever du ennå?"
9. Han hadde (syntes / trodd / tenkt) det ville bli en høytidelig feststund.
10. Georg hadde (bodd / levd) (lenge / lange / langt) i utlandet.
11. Lise (fortalte / bad / spurte) ham (å sove / sove) på sofaen.
12. Hun (fortalte / bad / spurte) ham om Nolte (etter / etter at / etterpå)
    hun hadde (bedt / spurt) ham inn.
13. Georg (fikk ikke / ikke fikk) (spørre / be) hvordan Etti hadde det.
14. Georg satt og (syntes / trodde / tenkte) mens Lise var (bort / borte).
15. Han så på de nye møblene. Han (syntes / trodde / tenkte) de var fine,
    men de var ikke hans.
16. Georg (syntes / trodde / tenkte) Lise ble lenge borte.

E. **Sammensatte ord:**

1. substantiv + substantiv: <u>Hva betyr ordet?</u>

    skinnkåpe - en kåpe   <u>leather/suede coat</u>
    glassrute - en rute   _____
    feststund - en stund   _____
    silkestrømpe - en strømpe   _____
    hodepute - en pute   _____
    fangeleir - en leir   _____
    skyggelue - en lue   _____
    urmaker - en maker   _____
    verksted - et sted   _____

2. substantiv + s + substantiv: <u>Hva betyr ordet?</u>

    konfirmasjonskjole - en kjole   _____
    mobiliseringsdagen - en dag   _____
    verdenskrig - en krig   _____
    evighetsblomst - en blomst   _____
    stasjonsmester - en mester   _____
    bygningskompani - et kompani   _____

3.   substantiv + e + substantiv: Hva betyr ordet?

     sengekant - en kant   _____

4.   verb + substanstiv :   Hva betyr ordet?

     hvilested - et sted   _____
     sparkebukse - en bukse   _____
     trøstebrev - et brev   _____
     lekeplass - en plass   _____
     strikketøy - et tøy   _____

F.   Indirekte tale:

Eksempler: «Det er din far som er kommet tilbake fra krigen.» sa moren.
       Moren sa at det var hennes far som var kommet tilbake fra krigen."
«Har du lært noe?» spurte han.
       Han sprute om hun hadde lært noe.

*Merk ordstillingen med "ikke".
«Hvorfor skrev du ikke?» spurte Lise.
       Lise spurte om hvorfor han ikke hadde skrevet.

«Vi hadde ikke papir,» sa Georg.
       Georg sa at de ikke hadde hatt papir.

Oppgave: Skriv om til indirekte tale:

f.eks. «Jeg må gå i butikken nå,» sa Lise.
       Lise sa at hun måtte gå i butikken da.

1.   «Du stod på listen blant de savnede,» sa Lise.

2.   «Vi hørte ikke fra deg,» sa Lise.

3.   «Hvorfor kom du ikke før?» spurte Lise.

4.   «Var du i fangeleiren hele tiden?» spurte Lise.

5.   «Har du spist frokost i dag?» spurte Lise.

6.   «Skal jeg ligge på sofaen i natt?» spurte Georg.

Husket du å forandre på pronomene og verbene?

*Merk tidsuttrykkene:

i direkte tale	-i indirekte tale
i går	-dagen før
i går kveld	-kvelden før
i dag morges/ i dag tidlig	-samme morgen
i fjor	-året før
i morgen	-neste dag

i natt	-den natten
i dag	-den dagen
nå	-da

G. Passiv:

Skriv om til passiv: (du trenger ikke "av"-setningen)

1. De spiste middag i taushet.
    Middag _____.

2. Lise reide opp ei seng på sofaen.
    Ei seng _____.

3. De hadde tatt bildet på mobiliseringsdagen.
    Bildet _____.

H. Ordstilling:

Georg har mange spørsmål-
    Hvorfor behandler de meg slik?
    Hvorfor snakker de ikke med meg?
    Hvorfor blir Lise ikke hjemme?
    Hvorfor kan jeg ikke få den gamle jobben min?
    Hvorfor kan jeg ikke sove i soveværelset?

Lise har også noen spørsmål-
    Hvorfor kom Georg ikke tidligere?
    Hvorfor skrev han ikke?
    Hva skal han gjøre nå?

Skriv spørsmålene om slik:
    Georg forstår ikke hvorfor de behandler ham slik.
    "   "   "   de ikke snakker med ham.
                                  (Osv.)

I. Det er alltid godt å kunne et fremmed språk:

«— Bisken, vi går over. Kommer
det noen sier du mjau.»

A-Magasinet

«Den savnede» av Arnulf Øverland

II. Nytt materiell

A. Artikkel og adjektiv brukt som substantiv:[2] (Se seksjon VII D i grammatisk oversikt)

Artikkel:
Dette huset er dyrere enn det vi hadde før. (et) (the one)
Denne bilen er dyrere en den vi hadde før. (en) (the one)
Disse møblene er dyrere enn de vi hadde før. (flertall) (the ones)

Adjektiv:
Dette hvite huset er penere enn det grønne der borte. (et) (the green one)
Denne hvite bilen er penere enn den grønne der borte. (en) (the green one)
Disse hvite stolene er penere en de grønne der borte. (flertall) (the green ones)

*Merk at vi bruker bestemt form av adjektivet i denne konstruksjonen.

Om mennesker bruker vi den i entall og de i flertall:

Er du den eldste eller den yngste i familien din? (the oldest/the youngest one)
Er dere de eldste eller de yngste i familiene deres? (the oldest/the youngest ones)

Ved å bruke denne konstruksjonen, kan vi lage substantiver av adjektiv.
den savnede - the missing one, the missing person
de savnede - the missing ones, the missing persons

den fremmede - the unfamiliar one, the stranger
de fremmede - the unfamiliar ones, the strangers

Oppgave: Sett inn de riktige ordene.

1. Georgs navn hadde ikke stått på listen blant _____ . (the missing persons)
2. Han likte sine egne møbler bedre enn _____ . (the new and unfamiliar ones)
3. Han så på bildene lenge. Han så lengst på _____ av seg selv. (the one)
4. Han så ikke så lenge på _____ . (the other ones)
5. Denne dagen var faktisk vanskeligere enn _____ han hadde hatt i Russland. (the ones)
6. Etti forstod ingen ting. Hvis dette var hennes far, hva med _____ som var død? (the other one)

---

[2] In the equivalent expressions in English the word "one" or "ones" would be used. Note that it is the definite form of the adjective that is used. The definite article *den* or *det* is determined by the gender of the noun understood. When referring to persons in the singular, *den* is used. *De* is used for both objects and persons in the plural.

B. "Å få" i flere betydninger.

1. **å få + objekt:** ("get" "receive" "acquire")

    I «Vær så god, neste» sa doktoren til kontorsøsteren om den siste
       pasienten:
       «Få ham inn. Det er best å bli ferdig for dagen.»
       Hvordan ville du oversette det? _____

    Mannen i «Vær så god, neste» sa: *«I forretningen mente de at det kunne*
       bli vanskelig å få penger av doktoren, men jeg ante jo ikke at det skulle
       bli så vanskelig.» (*Merk: å få noe av noen)
       Hvordan ville du oversette det? _____

    Det ville bli vanskelig for mannen i «Den savnede» *å få en jobb.*
       Hvordan ville du oversette det? _____

    Lise spurte om *hvorfor hun ikke hadde fått noen brev fra Georg.*
       Hvordan ville du oversette det? _____

2. **å få + infinitiv:** (å få lov til - "be permitted to")

    Mannen i «Vær så god, neste,» spurte: *«Får jeg beholde buksen på?»*
       Oversettelse: _____

    Doktoren sa til Mannen: *«Få se på tungen.»*
       Dette betyr: (La meg) få se på tungen.
       Oversettelse: _____

    Vi bruker dette uttrykket også med :
    (La meg) få høre (på) - Oversettelse: _____
       (La meg) få smake på - Oversettelse: _____
    I «Den savnede» leste vi: «Han fikk sette seg.»
       (He got a chance to sit down; he was permitted to sit down.)

3. **å få anledning til:** ("get a chance or opportunity to")

    Han fikk ikke spørre om Etti.
       Oversettelse: _____
    Gutten i «Barnets århundre» fikk ikke sove.
       Oversettelse: _____

4. **å måtte:** tvang (compulsion) eller resignasjon (resignation)

    a) tvang: ("have to, had better") *«Jeg får gå nå,» sa Lise.*
           Oversettelse: _____

        Etti var gått så hun fikk gå og lukke opp selv.
           Oversettelse: _____

        Doktoren i «Vær så god, neste» sa, *«Hvis De ikke blir bedre, får vi ta*
           et røntgenbilde.»
           Oversettelse: _____

b) resignasjon: (finne seg i - "put up with, accept, tolerate." Det modale adverbet <u>vel</u> brukes ofte i slike setninger.)

Jeg fikk vel begynne på verkstedet igjen?
Oversettelse: _____

Han fikk vel se til å søke seg noe annet.
Oversettelse: _____

Doktoren i «Vær så god, neste» sa: *«Denne medisinen tar De tre ganger daglig, så får vi håpe De blir bedre.»*
Oversettelse: _____

5. **å få + perfektum partisipp:** (å greie, klare - "manage to do something")

Vi prøvde *å få* sendt brev.
Oversettelse: _____
Har du *fått gjort* dette ennå?
Oversettelse: _____

6. **å få (noe) til:** ("to be able to, bring oneself to do something")

Lise fikk ikke til å be Georg sitte ned, for han var jo hjemme hos seg selv på en måte.
Oversettelse: _____

7. **å få (noen) til å (gjøre noe):** ("to make someone do something")

Krigen *fikk* Georg *til å reise* hjemmefra.
Oversettelse: _____

C. **Å ha // å få:**[3]

«Man vet hva man <u>har</u>, men ikke hva man <u>får</u>.» (norsk ordtak)

«<u>Får</u> De tid, kan hende De leser dette brev.» (fra «Desertøren») (If you have/get time. . . (i.e., in the future))

å <u>ha</u> lov til å // å <u>få</u> lov til å - "have/get permission"

å <u>ha</u> vondt i hodet // å <u>få</u> vondt i hodet - "have/get a headache"

å <u>ha</u> lyst på noe // å <u>få</u> lyst på noe - "have a yen/get a yen for something"

Jeg <u>hadde</u> ikke vondt i hodet da jeg gikk på kino, men jeg <u>fikk</u> vondt i hodet av å se filmen. (I didn't have. . . but I got. . .)

Jeg <u>har</u> ingen penger, men jeg vil <u>få</u> penger når jeg jobber. (don't have. . . will get. . .)

---

[3] In many expressions *å få* expresses the future tense and *å ha* the present tense; in others å ha represents an existing condition, while *å få* represents a process.

Han har ikke lov til å kjøre ennå, men når han blir atten får han lov til å kjøre.

Jeg hadde ikke lyst på en tur til Norge før jeg hørte ham snakke om sin tur. Da fikk jeg lyst til å reise dit selv.

Foreldrene fikk en datter. De hadde allerede en sønn.

D. **Å være + partisipp:**[4] (istedenfor "å ha" + partisipp)

Det er din far som er kommet tilbake fra krigen. (har kommet)
At hun hadde en far, og at han var kommet hjem ... (hadde kommet)

Noen eksempler til fra teksten. Oversett til engelsk:
Så du er alstå kommet hjem igjen da, sa hun. _____
Etti var gått, så hun fikk gå og lukke opp selv. _____
Hva var det med Lise? At hun var blitt eldre, ja det var hun jo. _____
_____

Kunne hun ha vært den unge damen som var kommet nedover mot ham? _____
_____

E. **X visste ikke hva X skulle gjøre:** ("not to know what to do")

Fru Hempel visste ikke hva hun skulle gjøre med Georg.
(Mrs. Hempel <u>didn't know what to do</u> with George.)

Oppgave: Oversett til norsk
f.eks.: I don't know what to say about that.
Jeg vet ikke hva jeg skal si om det. -- presens av "skal" fordi "vet" er i presens.

1. They don't know what to do now.
2. The students didn't know what to write about the story.
3. Georg og Lise didn't know what to talk about.

Merk også:
1. *Vi visste ikke hvordan vi skulle gjøre det.* (... didn't know how to ...)
2. *Vi visste ikke hvor vi skulle kjøre.* (... didn't know where to ...)
3. *Vi visste ikke når vi skulle komme.* (... didn't know when to ...)

F. **Å vente på at noe skal skje:** ("to wait for something to happen")

Georg ventet på at Lise skulle komme hjem.
(Georg waited for Lise to come home.)

Han måtte vente på å få snakke med henne inntil hun var ferdig med arbeidet.
(He had to wait to (get to) speak to her until she was finished with work.)

*Husk også: å vente // å vente på

_____

[4] To form the present perfect tense, the verb *å være* (instead of *å ha*) can be used with verbs of motion *(reise, komme, gå, kjøre)* or verbs of changing condition *(bli, sovne, klarne).* This usage was considerably more common in the past than it is now.

<u>Oppgave:</u> Oversett til norsk.
1. Lise didn't expect him.
2. She wasn't waiting for him any longer.
3. Georg sat and waited for Lise to come home.

G. Fordi // på grunn av[5]

Georg ble borte <u>på grunn</u> av krigen.
Georg ble borte <u>fordi</u> han måtte gå i krig.

H. Hvem er du?

Jeg ligner på _____

Jeg vet aldri hva jeg skal si (gjøre) når _____

Jeg får ikke til å _____

Jeg har forandret meg (mye/lite) siden _____

Jeg synes det er festlig å _____

Jeg reier (aldri, sjelden, noen ganger, ofte, vanligvis, alltid) opp senga mi.

I. Litt av hvert. (Stryk ut ordene som ikke passer.)

1   "Den savnede" av Arnulf Øverland er en trist historie (at/som) viser hva krig kan gjøre
2   (med/til) en familie. Fru Hempel og datteren (sin/hennes), Etti, hadde ikke sett Georg
3   Hempel (i/på/for) femten år. Han hadde blitt (bort/borte) i 1915, og de
4   (syntes/trodde/tenkte) han var død. Så en dag (han kom/kom han) (hjem/hjemme):
5   Dagen (begynte/begynt) som vanlig: Fru Hempel hadde spist frokost og nå (hun
6   stod/stod hun) og ryddet av kjøkkenbenken. Da (det ringte/ringte det) på døra. Utenfor stod
7   det en mann (hvem/som) hadde vært (hennes/sin) mann. Ansiktet (hans/sitt) så værbrent og
8   utslitt ut slik at hun (kjente ham nesten ikke/nesten ikke kjente ham) igjen. Han gav ham
9   noe å spise og (da/så) måtte hun skynde seg på jobben.
10   Hele dagen (Georg fikk/fikk Georg) sitte og vente i stua (hans/si). Han så seg
11 omkring og merket de gamle, kjente møblene (at/som) hadde vært (hans/sine), men han så
12 også noen nye og fremmede. De var fine, men de var ikke (sine/hans). På veggen så han et
13 bilde av (seg/ham) selv. Det hadde (blitt/vært) tatt på mobiliseringsdagen. På rammen
14 (sa/stod) det: "Elsket og savnet".
15   Endelig kom Lise Hempel (hjem/hjemme) igjen og begynte å lage middag. Så kom
16 Etti, datteren (hans/sin). Hun (var/ble) ganske overrasket da hun hørte at faren (hennes/sin)
17 levde. Men ingen av dem visste hva (til å/å/de skulle) si, og de spiste middag i taushet.
18 Etterpå gikk Etti ut med noen av vennene (sine/hennes) og nå måtte Lise snakke med
19 mannen (hennes/sin).
20   Hun fortalte om jobben (hennes/sin) på verkstedet og spurte hva han skulle ta seg til.
21 Han sa ikke (noe/noen) om at verkstedet hadde vært (hans/sitt). Snart begynte Lise å gjespe.
22 Hun gikk (ut/ute) på soveværelset og (fikk/hentet) sengeklær, reide opp ei seng på sofaen og
23 (fortalte/bad) Georg (å sove/sove) der. Slik endte Georgs (først/første) dag (hjem/hjemme)
24 med familien (sin/hans). (Hans/Sin) hjemkomst ble nok ikke slik han hadde ventet.

---

[5] *På grunn av* (because of) is followed by an object; *fordi* (because) must be followed by a subject and verb.

«Språk» av Dag Solstad

A. Hvordan ord bygges opp på norsk.

1. Forstavelser (prefikser):

u- (ikke): utrolig (ikke til å tro), en uvenn (ikke en venn), uopplagt (ikke opplagt), unødvendig (ikke nødvendig), utålmodig (ikke tålmodig), urolig (ikke rolig)

Hva betyr[1] "umulig" _____
"ulykkelig" _____
"ukjent" _____
"uendelig" _____
"uventet" _____

mis- (dårlig): misforstå (forstå dårlig: misunderstand), misvisende (vise dårlig: misleading) mislike (like dårlig: dislike)

Hva betyr "mistro" _____
"misbruke" _____

sam- (sammen): samvær (å være sammen), samtale (å tale sammen), samtidig (på samme tid)

Hva betyr "samarbeide" _____
"samboer" _____

gjen- (igjen, tilbake): gjenta (å ta i gjen) gjenvinne (å vinne igjen, få tilbake, gjenoppleve (oppleve igjen.)

Hva betyr "gjenoppbygge" _____
"gjenfortelling" _____
"gjenkalle" _____

2. Endelser (suffikser):

a) <u>Substantiver</u>

-dom (danner substantiver; alle er hankjønn (en)): sykdom (<u>syk</u>: sickness, disease), ungdom (<u>ung</u>: youth), lærdom (<u>lære</u>: learning), rikdom (<u>rik</u>: riches)

Hva betyr "barndom" _____
"alderdom" _____
"fattigdom" _____

-else (danner substantiver av verb; alle er hankjønn (en)): opplevelse (from "å oppleve": an experience), følelse (from "å føle: a feeling), fortsettelse (from "å fortsette": a continuation), oversettelse (from "å oversette": a translation), forbauselse (astonishment)

Hva betyr "misforståelse" _____
"begynnelse" _____
"undersøkelse" _____

---

[1] See the list of words to choose among at the end of this section.

"avbrytelse" _____
"oppdagelse" _____
"overraskelse" _____

-het (danner abstrakte substantiver av adjektiv og adverb; alle er
  hankjønn (en)): stillhet (from "stille": silence), virkelighet (from
  "virkelig": reality): ensomhet (from "ensom": loneliness), taushet
  (from "taus": silence), dumhet (from "dum": stupidity), usikkerhet
  (from "usikker": insecurity, lack of assuredness), dyktighet (from
  "dyktig": competence)

  Hva betyr "vennlighet" _____
  "godhet" _____
  "vanskelighet" _____
  "mulighet" _____
  "evighet" _____
  "hemmelighet" _____
  "svakhet" _____

-ing (danner substantiver av verb; de er hunkjønn (ei) eller hankjønn
  (en)): samling (from "å samle": collection), prating (from "å prate":
  chatting), fortelling (from "å fortelle": story), betaling (from "å
  betale": payment)

  Hva betyr "åpning" _____
  "røyking" _____
  "bestilling" _____
  "mumling" _____

-skap (danner abstrakte substantiver; hankjønn (en) og intetkjønn (et)):
  slektskap (relationship), ekteskap (marriage), bekjentskap
  (acquaintance), regnskap (calculation, account, from "å regne"),
  kunnskap (knowledge, from "å kunne")

  Hva betyr "vennskap" _____
  "fangenskap" _____
  "galskap" _____

b) **Verb -**

  -ne (danner verb som forteller at noe begynner eller blir slik): å våkne
    (to wake up), å lysne (to brighten, become light)

    Hva betyr "å mørkne" _____
    "å klarne" _____
    "å sovne" _____

c) **Adjektiv og adverb -**

  -bar (danner akjektiv av verb): kjørbar (driveable), brukbar (useable,
    useful), Hva betyr "kostbar"? _____

  -fri (danner adjktiv som betyr fri for noe): smertefri (painless), skolefri
    (vacation from school)

    Hva betyr "røykfri" _____

-lig (danner adjektiv og adverb): hyggelig (pleasant), lykkelig (happy), koselig (cozy), rolig (calm, peaceful), farlig (dangerous, serious), fryktelig (frightful), ergerlig (annoying)

Hva betyr "endelig" _____
     "uvennlig" _____
     "unaturlig" _____
     "festlig" _____
     "barnslig" _____

-løs (danner adjektiv som betyr uten noe): sørgløs, (uten sørg: carefree), endeløs (uten ende: endless), meningsløs (uten mening: senseless)

Hva betyr "vennløs" _____
     "arbeidsløs" _____
     "pengeløs" _____
     "hjemløs" _____

– Har dere lydløse trommer?

-som (danner adjektiv og adverb av verb og substantiver): arbeidsom (fra å arbeide: industrious, hard-working), langsom (fra lang: slow), morsom (fra moro: fun, amusing)

Hva betyr "glemsom" _____
     "ensom" _____
     "hjelpsom" _____

-vis (danner adverb av adjektiv og substantiver): hundrevis (by the hundreds), heldigvis (luckily), timevis (for hours), delvis (partly)

Hva betyr "naturligvis" _____
     "årevis" _____
     "tusenvis" _____

Du kan velge fra denne listen

a beginning	to disbelieve	finally
broke (out of money)	to discover	forgetful
by the hundreds	discovery	forgetfulness
by the thousands	disease	for hours
calm	to dislike	for years
captivity	disquieted	a friend
to capture	an ending	friendless
childish	endless, infinite	friendliness
childhood	an enemy	friendship
to clear up	eternity	friendly
company	examination,	goodness
conversation	investigation	helpful
co-inhabitor	an experience	helpfulness
to co-operate	to experience	homeless
costly	to fall asleep	homelessness
to darken	to feel	impatient
difficult	a feeling	impossibility
difficulty	festive	impossible
disbelief	festivities	industrious

industriousness	an opening	smokeless
insanity	an order	sorrow
interruption	out of sorts	a surprise
learning	possibility	thoughtless
a living companion	poverty	thoughtlessness
loneliness	to rebuild	unbelievable
lonely	to recall	unemployed
luck	to re-experience	unexpected
luckily	to regain	unfriendly
lucky	to relive	unhappy
misleading	to repeat	unknown
to misunderstand	to retell	unnatural
a misunderstanding	a retelling	unnecessary
to misuse	senseless	wealth
a misuse	secrecy	wealthy
mumbling	a secret	young
naturally	sick	youth
necessary	sickness	
(old) age	smoking	

Oppgave: Sett inn det riktige ordet: (Du vil finne alle i seksjon A)

a) Forstavelser:
f. eks. Det unge paret giftet seg og gledet seg til et langt og lykkelig
samliv.

1. Mannen lå ofte våken om natten fordi han _____
    det som hadde skjedd under krigen.
2. Datteren var ennå ute med den nye gutten. Da klokka ble tolv
    begynte foreldrene å bli _____ .
3. Hun var svært glad i ham, men hun _____ at han
    røykte.
4. Vi satt sammen på toget fra Oslo til Bergen. Da hun gikk av toget,
    sa hun "Takk for _____ ."
5. Det er _____ å skrive navnet ditt på alle sidene,
    skriv det bare på første side, takk.
6. Det var vanskelig for mannen å _____ sin
    selvrespekt etter at kona hans gikk fra ham.
7. Han smilte og var svært _____ mot oss alle, så vi
    likte ham godt.
8. Det er _____ hvor fort tiden går når en har det
    hyggelig.
9. Det lille kartet vi så på var litt _____ for det så ut
    som om Bergen lå mye nærmere Oslo en det egentlig gjorde.
10. Folk som lyver blir ofte _____ av andre.

b) Endelser:
f. eks. Fru Hempels _forbauselse_ var stor da hun så Georg igjen, for hun
trodde han var død.

1. Barndommen burde være en _____ tid da man
    ikke trenger å tenke på krig og sult.

2. Himmelen _____ og snart begynte en kraftig storm.
3. Oppgaven var ikke lett og studente hadde mange _____ med den.
4. Her er _____ forbudt. Røykekupeen er der borte.
5. Vi prøvde å holde en samtale gående, men det var så mange _____ av telefonene og folk som banket på døra, at vi måtte gi det opp.
6. Det er _____ å føle seg litt fremmed i et fremmed land.
7. "A Doll's House" er en _____ av Ibsens "Et dukkehjem."
8. Studentene var _____. De klarte å lese mange bøker før semesteret var over.
9. Dette er bare en _____. Det er mye mer som skal komme.
10. Det er mange ting en kan gjøre. En har mange _____ å velge mellom.
11. På det norske Folkemuseet er det en fin _____ av gamle hus fra forskjellige steder i Norge.
12. Det er bare _____ å produsere flere atomvåpen når vi allerede har nok til å ødelegge jorden mange ganger.

B. **Uttrykk særlig med preposisjoner:**

Oppgave: Sett inn det riktige ordet.

f. eks. _I_ sommer skal hun få anledning _til_ å reise til Europa.
1. Piken forelsket seg _____ sin engelsklærer.
2. Hun snakket _____ timevis i telefonen.
3. _____ den måten fikk hun kontakt med andre.
4. Hva fikk du _____ julepresang fra henne?
5. Vi var glad _____ at de skulle komme, men vi lurte ___ når de ville komme.
6. Du har rett _____ at prøven var vanskelig.
7. Jeg har en gave _____ deg.
8. Var brevet skrevet _____ maskin?

C. **Noen nasjonalbetegnelser:**

Land	Adjektiv	Folk
Norge	norsk	en nordmann (nordmenn)
Danmark	dansk	en danske (dansker)
Sverige	svensk	en svenske (svensker)
Island	islandsk	en islending (islendinger)
Norden	nordisk	en nordbo (nordboer)
Skandinavia	skandinavisk	en skandinav (skandinaver)
Finland	finsk	en finne (finner)
Amerika (USA)	amerikansk	en amerikaner (amerikanere)
England	engelsk	en engelskmann (engelskmenn)
Frankrike	fransk	en franskmann (franskmenn)

Spania	spansk	en spanier (spaniere)
Tyskland	tysk	en tysker (tyskere)
Italia	italiensk	en italiener (italienere)
Hellas	gresk	en greker (grekere)
Japan	japansk	en japaner (japanere)
Kanada	kanadisk	en kanadier (kanadiere)
Kina	kinesisk	en kineser (kinesere)
Russland	russisk	en russer (russere)
Irland	irsk	en irer (irere)
Skottland	skotsk	en skotte (skotter)
Nederland	nederlandsk	en nederlender (nederlendere)
Portugal	portugisisk	en portugiser (portugisere)
Belgia	belgisk	en belgier (belgiere)
Sveits	sveitsisk	en sveitser (sveitsere)
Tyrkia	tyrkisk	en tyrker (tyrkere)
Ungarn	ungarsk	en ungarer (ungarere)
Østerrike	østerriksk	en østerriker (østerrikere)
Jugoslavia	jugoslavisk	en jugoslav (jugoslaver)
Polen	polsk	en polakk (polakker)
Europa	europeisk	en europeer (europeere)

D. Gjenfortelling: Hør på denne teksten og fortelle den med dine egen ord.

Piken som haiket

Arbeisdagen var slutt, og denne helgen hadde Gunnar tenkt å tilbringe sammen med sin gamle bestemor. Det var lenge siden han hadde vært hos henne, og han fikk passe på nå mens veien ennå var kjørbar før vinteren. Glatt og mørkt var det, ikke nettopp noen fornøyelse å kjøre motorsykkel, men han var godt kjent på veien.

Plutselig fikk han et skimt av noe lyst et stykke foran, og han bremset opp. En ung pike stod midt i veien og fektet med armene. Hun sprute om hun kunne få sitte på til hjemmet sitt og forklarte hvor det var. Gunnar kjente stedet, og sa at det var i orden. Hun var tynnkledd, så han la jakken sin om skuldrene hennes før hun satte seg opp på sykkelen.

Fremme ved huset stanset han, hun takket for skyssen og løp inn i huset. Da først kom han til å tenke på at hun hadde tatt jakken med, men han fikk heller stanse på tilbakeveien og hente den da. Så han kjørte videre og tilbragte helgen sammen med bestemoren.

Da han kom på tilbakeveien søndag, stanset han og banket på. Han ville hente jakken, men den eldre damen som åpnet, forsto ikke hva han snakket om. Ingen hadde vært på besøk der kvelden i forveien, sa hun. Men han holdt på sitt, og ble da bedt om å komme inn og varme seg litt. Da han kom inn i stuen, fikk han se et bilde av piken fra kvelden før midt på veggen. -Der er hun jo, sa han og pekte, det var henne jeg kjørte hit.

Damen så rart på ham. -Det er min datter, sa hun, hun har vært død i flere år. Og da Gunnar fremdeles ikke kunne forstå sammenhengen og fastholdt at det var denne piken han hadde kjørt, tok damen ham til slutt med til kirkegården for å vise ham datterens grav.

De kom dit, fant graven -- og på gravstøtten hang jakken hans.

... hentet av André Bjerke, red.,
Spøkelseshistorier. Oslo: Den
norske Bokklubben, 1981.

E. Litt av hvert (Stryk ut ordene som ikke passer.)

1   «Språk» er en fortelling om ei jente (at/som/hvem) lærer forskjellige

2   språk. Hun (synes/tror/tenker) at moren (hennes/sin) lever et kjedelig liv.

3   Derfor (har hun/hun har) ikke lyst til å bli som moren (sin/hennes). Moren

4   (hennes/sin) er (en/-) husmor, men jenta vil heller bli (en/-) flyvertinne eller

5   (en/-) ekspeditrise.

6   Det var (da/når) hun var 12 år gammel, hun begynte å lære sitt

7   (første/først) fremmedspråk. Hun (trodde/syntes/tenkte) at verden ble

8   større da hun lærte det (nytt/nye) språket.

9   Jenta lærer flere andre språk, møter mange (nytt/nye) mennesker og

10   reiser ofte til (fremmed/fremmede) land mens moren (hennes/sin) (kommer

11   aldri/aldri kommer) seg utenfor kjøkkenet. Men jenta har et enda større

12   problem. Hun (ikke bryr seg/bryr seg ikke/bryr ik¹.e seg) om andre

13   mennesker. Flere gutter blir glade i henne, men hun (ikke husker/husker

14   ikke) hva de heter og nekter å binde seg til noen av dem. Hun tenker, for

15   eksempel, (om/på) fisk og garn når dekoratøren forteller henne at han

16   ønsker seg barn. Hun er redd (av/for) å bli "fanget".

17   Når brevene fra Karl blir hissigere, (hun skriver/skriver hun) til ham på

18   maskin. Telefonen passer (seg/henne) godt fordi hun (ikke trenger/trenger

19   ikke) å være sammen med den hun snakker med. Til slutt (hun lærer/lærer

20   hun) enda et nytt språk. (I/På) den måten (hun fortsetter/fortsetter) hun sin

21   flykt fra (henne/seg) selv.

F. Hvem er du?

Jeg begynte å lære mitt første fremmedspråk _____
Jeg ble skuffet da jeg fant ut at _____
Jeg foretrekker _____ framfor _____
Jeg sparer pengene mine for å kjøpe _____
Det forbauser meg at _____
Jeg ønsker å tilbringe sommerferien i _____
Jeg tror jeg skal bli _____
Jeg blir utålmodig når _____

G. Kryssord (Ord fra «Desertøren», «Barnetime for de voksne», «Den savnede» og «Språk»)

G. Kryssord (fortsatt) STIKKORD

Vannrett

3. Mange bruker disse for å kunne se bedre
5. En som kjemper i en krig
7. Ukjent
8. Uten klær
9. Betyr "se etter", f. eks. å _____ en jobb
10. Betyr det samme som "ansikt"
11. Språket som snakkes i Spania
13. Det motsatte av "lavt"
17. En liten sum penger en må betale når en mister en av bibliotekets bøker
18. Det motsatte av "elementær"
20. Betyr omtrent det samme som "møte" (verbet)
22. Hjertet pumper denne røde væsken
23. Den en skal gifte seg med er ens _____
26. En del av militæret
27. Dette bruker du for å sy
28. Det motsatte av "komplisert"
29. Betyr omtrent det samme som å "løfte"
30. En som nekter å bli med i en krig etter å ha blitt innkalt

Loddrett

1. Sola, skyene og stjernene er i _____
2. Noe som svært få eller ingen andre vet er en _____
4. Dette er verbet, substantivet er "kjærlighet"
5. Heter "although" på engelsk
6. En som ber om penger og mat
7. Språket som snakkes i Frankrike
11. Det motsatte av å bruke penger er å _____ dem
12. Noe som ikke er likt andre ting er _____
14. En som sitter i fengsel
15. En kvinne som serverer maten og hjelper til på et fly
16. Det som ligger på golvet, f. eks. i stua
19. Et lite vann
21. Betyr det samme som "spise"
23. Det motsatte av "mor"
24. Det motsatte av å "tape"
25. Betyr "riktig fint", "supert"

«mandag» av Odd Storsæter

A. Refleksive pronomener --eller ikke? (Repetisjon):

Oppgave: Ta ut alle 1. persons pronomener. Bruk heller 3. persons pronomener:

f.eks.:   Jeg reiste meg: *Han reiste seg.*
                 Ingen hilste på meg: *Ingen hilste på ham.*

1. Jeg kledde på meg og gikk på badet for å stelle meg, og oppdaget at jeg slapp å barbere meg.

2. Sjefen kom bort til meg, klappet meg på skulderen og bad meg drive på.

3. Han kastet et lett irritert blikk på kollegene mine som stod samlet rundt skrivebordet mitt.

4. Sjefen sa at jeg bare kunne ta fri hvis jeg ikke følte meg bra.

5. Jeg sa jeg skulle prøve å gjøre mitt beste.

6. Sjefen klappet meg igjen på skulderen og sa at alle ville mitt beste.

7. Klokka 17.05 tok jeg opp vesken min og puttet noen av papirene mine nedi den.

8. Jeg kom fram til huset og låste meg inn.

9. Jeg hang fra meg yttertøyet og listet meg opp i annen etasje.

10. Der lå hun i senga med hodet mitt tett knuget til seg.

B. Lek med ord:

1. Stedet der man henger fra seg yttertøyet. _____

2. Betyr det samme som «å arbeide» _____

3. Den som er over en på jobben _____

4. Betyr det samme som «appetitt» _____

5. Pengene en får for å ha gjort en jobb _____

6. Det motsatte av «uhøflig» _____

7. Måltid som spises mellom frokost og middag _____

8. Man kan bære bøker, papirer, o.l. i den _____

9. Betyr det samme som «sang» _____

10. En som arbeider sammen med deg (i samme stilling) _____

11. Sitat som finnes på en gravsten, o.l. _____

12. Betyr «uhyre tynn» _____

Ett bilde er verdt tusen ord:
(Lag tekst til bildene)

A-Magasinet

«Gjertrudsfuglen»

A. Forskjell på bokmål og riksmål:

1. "Æ" ble ofte skrevet på riksmål hvor bokmål bruker "e":
f.eks. *længe* (lenge). Kan du finne andre eksempler i teksten?

_____

2. "Å" ble skrevet "aa" på riksmål: *paa* (på), *gaa* (gå). Finn flere
eksempler i teksten:

_____

3. Riksmål hadde mange stumme konsonanter som ble borte i bokmål:
f.eks. *skulde* (skulle), *undte* (unte, å unne), *fyldte* (fylte, å fylle). Finn tre
eksempler til i teksten:

_____

4. Riksmål hadde ofte enkle konsonanter hvor bokmål har dobbel
konsonant: *gik* (gikk), *altid* (alltid).

5. Uttrykk som skrives i to eller flere ord på bokmål ble skrevet som ett
ord på riksmål: *engang* (en gang), *hvergang* (_____), allesammen
(_____).

6. Substantiver ble skrevet med stor bokstav på riksmål: *Jorden*, *Kone*.
Finn flere eksempler i teksten:

_____

7. Noen substantiver i ubestemt flertall endte med *-e* i riksmål istedenfor -
er: *Dage* (dager).

8. Bestemt form flertall av noen substantiver endte på *-erne* i riksmål:
Levserne (lefsene), *Træerne* (trærne).

9. Infinitivmerket i riksmål var "at" istedenfor "å": *at drikke* (å drikke),
_____ (å gi).

10. Imperfektum ble ofte dannet med *-ede* på riksmål:
vandrede (vandret), *kjævlede* (kjevlet), *sværtede* (svertet).

11. Mange verb ble bøyd på en annen måte i riksmål: (Hva heter formene
på bokmål?

at sige siger sagde har sagd
(å si   )

at blive bliver blev har bleven
(å bli   )

at have haver havde har havt
(å ha   )

Merk også infinitiv av disse verbene på riksmål:
at give (å gi), at_____(å fly), _____(å ta)

12. "B" // "d" // "g" ble brukt på riksmål der bokmål bruker "p" // "t" // "k":
    b: pibe (pipe)
    d: lidet (lite), *sad* (satt). Finn to eksempler til i teksten:

    _____

    g: alligevel (allikevel). Finn tre eksempler til i teksten.

    _____

13. Riksmål brukte noen andre pronomener: *I* (dere - subjekt), *jer* (dere - objekt), *mig* (meg), *Noget* (noe).

14. Riksmål hadde ofte "*øi*" istedenfor "*øy*": *fløi* (fløy).

15. Enkelte ord som var annerledes på riksmål:
    vred (sint), *endnu* (ennå), *efter* (etter), *veir* (vær).

B. Forskjell på nynorsk og bokmål:

1. Nynorsk bruker flere diftonger, f.eks.
    dei (de), *raud* (rød), *flaug* (fløy).
    Finn flere eksempler i teksten:_____

2. Nynorsk bruker flere -a'er, f.eks. *dagane* (dagene), *oftare* (oftere). Finn
    flere eksempler i teksten:_____

3. Nynorsk bruker flere konsonant-grupper med *-j*, f.eks. *gje* (gi), *ikkje*
    (ikke).

4. Verb i imperfektum og perfektum ender ofte i *-a* på nynorsk, f.eks.
    vandra (vandret), *baka* (bakte, bakt).

5. Nynorsk bruker andre verb-bøyninger: Hvordan bøyer vi dette verbet
    på bokmål?
    å verte   vert   vart   har vorte
    (å bli   )

6. Pronomener på nynorsk: *ho* (hun), _____ (dere), _____ (noe).

7. Enkelte ord som er annerledes på nynorsk:
    kvar (hver), _____ (sulten), _____ (gang), _____ (fra).

C. Kryssord (Repetisjon)

C Kryssord (fortsatt) STIKKORD

Vannrett

2. Det motsatte av "liten"
5. En som kommer fra Tyskland
6. Imperfektum av å "sitte"
7. Heter "friendliness" på engelsk
9. Han var tyve år gammel, tyve år var hans _____
13. Parfyme har en fin _____
15. Det motsatte av "kort"
17. Imperfektum av "å skrike"
18. Den tidsperiode du har fri fra skole eller arbeid
19. Det motsatte av adjektivet "lyst"
20. Betyr omtrent det samme som "pike"
21. Det motsatte av "bedre"
22. Det motsatte av "varm"
25. Det motsatte av "våknet"
26. Det motsatte av "liten"
27. Det motsatte av "riktig"
28. Det motsatte av "før"
30. Slipset og _____ hans var samme farge
32. Det motsatte av "glemte"
33. Betyr omtrent det samme som å "møte"
34. Det motsatte av "verre"

Loddrett

1. Du ser med disse
3. Det er 24 av disse i et døgn
4. Dette ordet heter "dangerous" på engelsk
8. Hvor sola, skyene, månen og stjernene er
10. Det du må betale når du spiser på restaurant
11. Hos frisøren kan du _____ håret
12. Sønnen til broren eller søsteren din
14. Det motsatte av "golv"
16. Når været er kjølig, er det godt å ha ei _____
17. Imperfektum av "å skrive"
18. Betyr å "gå fra"
19. Betyr det samme som "appetitt"
21. Det motsatte av "lett"
22. Den som tar billetten din på toget
23. Bartre som oftest brukes til juletre
24. Det motsatte av "uopplagt"
25. Betyr å "se lenge" på noe eller noen
29. Du kan skrive på den med kritt
31. Mange sover med en av disse under hodet

Nynorsk: «Eit brev», «Slalåm-jente», «Vi skal ikkje sova bort sumarnatta», «Din veg»:

Forskjell på nynorsk og bokmål

1. Nynorsk bruker flere diftonger enn bokmål,
   f.eks. -ei istedenfor -e: *eit* (et), *heiter* (heter). Finn flere eksempler i tekstene:

   _____

   -au istedenfor -ø: *raud* (rød), *draum* (drøm), _____ (øde),
   _____ (løv).
   -øy istedenfor -ø: *løype* (løpe).

2. Nynorsk bruker flere -a'er:
   flinkast (flinkest), *vita* (vite), *fuglane* (fuglene). Finn flere eksempler i tekstene:

   _____

3. Nynorsk bruker flere konsonant-grupper med -*j*:
   gjekk (gikk), *sjå* (se), *ikkje* (_____), *ljos* (lys), *følgje* (følge).

4. Verb i infinitiv og imperfektum ender ofte i -*a*:
   rusla (ruslet). Finn andre eksempler i tekstene:

   _____

5. Pronomener: *eg* (jeg), _____ (hun), _____ (noe).

6. Nynorsk bruker -leg istedenfor -lig:
   vanleg (vanlig)

7. Nynorsk bruker andre verb-bøyninger, særlig i imperfektum: (Hva heter verbformene på bokmål?)

å gå	går	gjekk	har gått
(å gå			)

å få	får	fekk	har fått
(å få			)

å sjå	ser	såg	har sett
(å se			)

å verte	vert	vart	har vorte
(å bli			)

å følgje	følgjer	følgde	har følgd
(å følge			)

8. Verb i presens er ofte i én stavelse på nynorsk:
   frys (fryser), *ligg* (ligger), _____ (skriker), *kjem* (kommer).

9. Nynorsk har andre spørreord enn bokmål og bruker ofte *kv*- eller *k*-hvor bokmål har hv-:

kva (hva), *korleis* (hvordan), *kor* (hvor), *kvifor* (_____),
kven (_____), *annan-kvar* (annenhver),
kvarandre (_____), _____ (hvit).

10. Nynorsk bruker ofte -mn hvor bokmål har -vn: *namn* (navn).

11. Enkelte ord som er annerledes på nynorsk:

nynorsk	-bokmål
vaksne	-voksne
svolten	
ikring	_____
rett	-akkurat
syster	_____
sumar	
	-mens
_____	
synest	_____
	-nå
_____	
blomar	
hell	-heller
	-øyne
_____	
borna	
	-fra
_____	

12. Eiendomsformen

    mor hans Bjørn (moren til Bjørn)

13. "*Ho/han*" blir brukt for å omtale ting istedenfor "den": «*Vi skal ikkje sova bort sumarnatta, ho er for ljos til det.*» (*den* er for lys . . .).

    «*Dette er din veg. Berre du skal gå han.*» (Bare du skal gå *den*.).

Riksmål (før 1907): «Faderen»

Forskjell på riksmål og moderne bokmål

1. "Æ" ble ofte skrevet på riksmål hvor bokmål bruker "e":
   mægtigste (mektigste), *præst* (prest), *fortælles* (fortelles), *fjæld* (fjell)
   Finn flere eksempler i teksten:_____

2. Riksmål brukte andre pronomer:
   mig (meg), *dig* (deg), *sig* (seg).

3. Riksmål hadde mange stumme konsonanter som ble borte i bokmål:
   (a) *blev* (ble), *slog* (slo), *hvad* (hva),
   (b) nd og ld for nn og ll: *kvinder* (kvinner), *mand* (mann), *mænd*
       (menn), *vilde* (ville), *skulde* (skulle), *kunde* (kunne)
   Finn flere eksempler i teksten:_____

4. Riksmål hadde ofte enkle konsonanter hvor bokmål har dobbel-
   konsonant:
   mit (mitt), *op* (opp), *fik* (fikk), *søn* (sønn), *gik* (gikk), *slåt* (slått), *fåt*
   (fått), *træt* (trett), *tæt* (tett)

5. Riksmål brukte "øi" or "øj" for "øy":
   høi (høy), *øinene* (øynene), *støi* (støy)

6. Uttrykk som nå skrives i to eller flere ord ble skrevet som ett ord i
   riksmål:
   istykker (i stykker), *idag* (i dag), *imorgen* (i morgen), *tilrette* (til rette),
   tilvejrs (til værs)

7. Enkelte ord som var annerledes på riksmål:
   efter (etter), *nu* (nå), *sexten* (seksten), *otte* (åtte), *noget* (noe), *nogen*
   (noen), *nogle* (noen - plural), *thi* (for), *blot* (bare), *veir* (vær)

8. Riksmål brukte noen ganger "der" som relativt pronomen istedenfor
   "som":
   Der steg opp en stor bobbel, <u>der</u> brast.

9. Riksmål brukte "der" istedenfor "det":
   «Er <u>der</u> ellers noget?» Andre eksempler? _____

10. Bestemt flertall endelse i riksmål var ofte -erne istedenfor -ene:
    bakkerne (bakkene), *hænderne* (hendene), *nætterne* (nettene)

11. "B", "d", "g" ble brukt på riksmål der bokmål bruker "p", "t", "k":
    dåben (dåpen), *mad* (mat), *slægt* (slekt), *døbt* (døpt), *båden* (båten),
    lige (like), *løb* (løp), *våd* (våt), *rigeste* (rikeste), *åbnede* (åpnet), *hede*
    (hete), *bøger* (bøker)
    Andre eksempler? _____

12. Substantiver ble skrevet med stor bokstav på riksmål:
    Støi, Mand, Præst. Andre eksempler? _____

175

13. Noen substantiver endte med *-e* i riksmål istedenfor *-er* i ubestemt
     flertall:
     14 dage (dager), *mange penge* (penger)

14. I riksmål får adjektiv som ender i *-ig*, *-t* i intetkjønn:
     rigtigt (riktig)

15. Mange verb bøyes på en annen måte i riksmål:

at sige	*siger*	*sagde*	*har sagd*
(å si	sier	sa	har sagt)

at have	*haver*	*havde*	*har havt*
(å ha	har	hadde	har hatt)

at blive	*bliver*	*blev*	*har bleven*
(å bli	blir	ble	har blitt)

     Imperfektum på riksmål ble ofte dannet ved -ede:

     roede (rodde)
     stirrede (stirret)
     nævnede (nævnte)

     Kan du finne andre eksempler i teksten?

     _____

16. Infinitivmerket i riksmål var "at" istedenfor "å":
     uden at tage mad til sig (uten å ta mat til seg)

17. "Å" ble skrevet "aa" på riksmål:
     faaet (fått), *Daaben* (dåpen), *saa* (så), *Aar* (år)

DET GOTISKE ALFABETET:

a b c d e f g h i

j k l m n o p q r s

t u v w x y z æ ø

A B C D E F G

H I K L M N O

P Q R S T U V

W X Y Z Æ Ø

Greier du å lese en tekst i DET GOTISKE ALFABETET?

32. De tre bukkene Bruse som skulde gaa til sæters og gjøre sig fede.

Det var en gang tre bukker som skulde gaa til sæters og gjøre sig fede; og alle tre saa hedte de bukken Bruse. Paa veien var der en bro over en foss, som de skulde over, og under den broen bodde et stort fælt trold, med øine som tin-tallerkener og næse saa lang som et rive-skaft. Først saa kom den yngste bukken Bruse og skulde over broen. Trip, trap, trip, trap, sa det i broen. — „Hvem er det som tripper paa min bro?" skreg troldet. — „Aa, det er den mindste bukken Bruse; jeg skal til sæters og gjøre mig fed," sa bukken; han var saa fin i maalet. — „Nu kommer jeg og tar dig!" sa troldet. — „Aa nei, tag ikke mig, for jeg er saa liden, jeg; bi bare lidt, saa kommer den mellemste bukken Bruse; han er meget større." — „Jeg faar vel det," sa troldet.

Om en liden stund saa kom den mellemste bukken Bruse og skulde over broen: Trip, trap, trip, trap, trip, trap, sa det i broen. — „Hvem er det som tripper paa min bro?" skreg troldet. — „Aa, det er den mellemste bukken Bruse, som skal til sæters og gjøre sig fed," sa bukken; han var ikke fin i maalet, han. — „Nu kommer jeg og tar dig!" sa troldet. — „Aa nei, tag ikke mig, men bi lidt, saa kommer den store bukken Bruse; han er meget, meget større." — „Jeg faar vel det da!" sa troldet.

Ret som det var, saa kom den store bukken Bruse: „Trip, trap, trip, trap, trip, trap, sa det i broen; han var saa tung, at broen baade knaged og braged under ham. — „Hvem er det som tramper paa min bro?" skreg troldet. — „Det er den store bukken Bruse!" sa bukken; han var saa fælt grov i maalet. — „Nu kommer jeg og tar dig!" skreg troldet.

„Ja kom du! Jeg har to spjut,
med dem skal jeg stinge dine øine ud!
Jeg har to store kampe-stene,
med dem skal jeg knuse baade merg og bene!"

sa bukken, og der-med saa røk han paa troldet og stak ud øinene paa det, knuste baade merg og ben og stanged det ud i fossen, og saa gik han til sæters. Der blev bukkene saa fede, saa fede, at de næsten ikke orked at gaa hjem igjen; og er ikke fedtet gaat af dem, saa er de det endnu. Og snip, snap, snude, her er det eventyr ude.

«En te med sitron» av Inger Hagerup

Oppgave: Stryk ut ordene som ikke passer

1 «En te med sitron» er et morsomt hørespill om en mann, Arvid, som (vil ikke/ikke

2 vil) gifte seg med kjæresten (hans/sin), Lisbet. Han er en egoistisk mann (hvem/som)

3 er glad i kvinner; han lar dem bli forelsket i ham, men så får han problemer fordi han

4 (er ikke/ikke er) forelsket i dem.

5   I begynnelsen (tror/synes) vi at han virkelig har lyst til å gifte seg med Lisbet.

6 Handlingen finner sted på en restaurant, der vi (først/første) hører Lisbet i en

7 samtale med Elna som gir seg ut for å være kona til Arvid. Hun sier at hun (skal

8 ikke/ikke skal) stå i veien for at de to kan (ha/få) hverandre.

9   (Da/Så) kommer endelig Arvid. Elna forteller om mange ting (at/som) hun

10 (vil ikke/ikke vil) savne når Arvid går fra henne: løvsagsnegeren, messingbordet,

11 dragehodestolen. Hun (får/gjør/lager) hele Arvids livstil til å høres ganske merkelig

12 ut. Hun forteller også om svigermoren (hvem/som) kommer med alle slags dyr

13 (at/som) de må pleie.

14   Til slutt (har Lisbet/Lisbet har) hørt så mange latterlige ting om Arvid at hun

15 ikke vet (hva å tro/hva hun skal tro). (Etter/Etter at) hun går, sier Arvid:

16 «Gudskjelov!» (Da/Så) forstår vi at de to har sagt alt dette (til å/ for å/å) lure Lisbet

17 og vise henne at Arvid (er ikke/ikke er) den mann (hvem/som) hun burde forlove seg

18 med. Vi skjønner også at dette (er ikke/ikke er) (først/første) gang de har lurt en

19 kvinne (i/på) denne måten. Elna sier dessuten at hun (vil aldri/aldri vil) hjelpe ham

20 igjen. Det (mener/betyr) kanskje at hun (er ikke/ikke er) kona (hans/si).

«Juryen vil nå trekke seg tilbake» av Agnar Mykle

<u>Oppgave:</u> Stryk ut ordene som ikke passer

1 «Juryen vil nå trekke seg tilbake» er om en mann som er tiltalt for (å ha

2 slått/slående) noen gutter. Hele fortellingen finner sted i en rettsal. Mannen

3 forteller dommeren og juryen hvorfor han slo guttene, spesielt forteller han om

4 følelsene (sine/hans). Han mener at følelsene (hans/sine) spilte en avgjørende rolle i

5 det som skjedde.

6   Han husker datoen godt fordi det var fødselsdagen til datteren (sin/hans).

7 Han hadde kjørt hjem med iskrem til henne. (Da han parkerte/Da parkerte han)

8 bilen, så han seg godt for. Det var mange barn (lekende/som lekte) i gaten. Mannen

9 var (en/-) sjåfør av yrke, og han (alltid var/var alltid) påpasselig med barn. (Å

10 kjøre/Kjørende) på et barn var hans (størst/største) skrekk.

11   Mens (han rygget/rygget han) bilen, (han kjente/kjente han) at han kjørte

12 over noe. Samtidig (han hørte/hørte han) et skrik og han (syntes/trodde) derfor at

13 det var et barn han hadde kjørt over. Han (var/ble) nummen i hele kroppen og det

14 tok noen minutter før (han kunne/kunne han) røre på seg. Da (kom han/han kom)

15 ut av bilen, (så han/han så) at det (ikke var/var ikke) noe barn under bilen, bare en

16 sekk med gamle aviser. Han (var/ble) så lettet at han (kastet nesten/nesten kastet)

17 opp.

18   Så (han hørte/hørte han) noen barn (hvem/som/at) lo (på/av/til) ham. De

19 (trodde/syntes) det (var/ble) morsomt! Mannen (var/ble) rasende. Han løp etter

20 barna og til slutt (han fikk/fikk han) tak i en av guttene som han prylte til han ble

21 varig døv på det ene øret.

22   Mannen sa at han var lei for det han hadde gjort, men at følelsene (sine/hans)

23 var på kokepunktet. Han sa at disse følelsene (hans/sine) gjorde sitt til at han (kunne

24 ikke/ikke kunne) ha handlet annerledes.

FASIT

FASIT

REPETISJON

III. Verbet

C. Pluskvamperfektum

Etter at han hadde gjort hjemmeleksene, la han seg.

Etter at de hadde betalt regningen på restauranten, gikk de på kino.

Etter at vi hadde spist middag, vasket vi opp.

D. Modale hjelpeverb

1. Hun vil (gjerne) snakke norsk. She wants to speak Norwegian.
2. Han kunne ikke finne bøkene. He couldn't find the books.
3. Jeg ville (gjerne) ta bildene. I wanted to take the pictures.
4. Fikk du se deg omkring? Did you get to look around?
5. Skal du si det til ham? Are you going to say it to him?
6. Måtte de gå hele veien til byen? Did they have to walk all the way to town?

IV. Ordstilling

Herr og fru Larsen bor på en gård. Der har de mange dyr. Hver morgen står de tidlig opp for å stelle dyrene. Først melker de alltid kuene. Noen dager reiser de til byen for å selge grønnsakene sine på torget. Der møter de ofte naboene sine.

Om ettermiddagen pleier hele familien å spise middag sammen. Etterpå vasker barna opp og så gjør de hjemmeleksene sine. Klokka ni må barna legge seg. Når barna har lagt seg, kan foreldrene ta det med ro.

V. Adjektivet

F. Adjektivets bestemtform:

det dyre bildet, unge foreldre, det mørke rommet, deilig mat, det lille bordet

VI. Pronomener: Leiligheten til Svein

seg, dem, hans, hans, dem, sitt, hans, di, den, den, ditt, Det, det, din, dere.

VII. Adverb

C. Påsteds- og tilstedsadverb

1.	inne/ute	6.	der borte
2.	hjem	7.	her nede
3.	hjemme	8.	dit opp
4.	ute	9.	her inne
5.	borte	10.	der, dit

VIII. Påpekende pronomener

Oppgave 1:
1.	disse	3.	denne
2.	denne	4.	de

Oversett til norsk:
1.	denne pennen	4.	denne boka
2.	det hotellet	5.	disse byene
3.	de skrivebordene		

Oppgave 2:
1. denne store byen
2. den lange gata
3. dette vakre bildet

185

IX.   **Sammenligning** (Komparasjon)
      Litt norsk geografi

1	nordligste	6.	største, eldste
2	største	7.	gammel, yngre
3	lengste, lengste, og dypeste	8.	mindre, mest interessante
4	høyest (den høyeste)	9.	minste
5	større, eldre	10.	sørligste, nordligste

X.   Preposisjoner

A.
1.	til, i	6.	på, ved
2.	med, med	7.	hos
3.	på	8.	over
4.	til, på, i	9.	for
5.	med	10.	i

B.
1.	på	6.	til
2.	om	7.	på
3.	på	8.	for
4.	med	9.	med
5.	i	10.	mellom

«Det er ikke bare at det er oversvømmelse, men at jeg bor i 5. etasje!»

Oppgave (bilde)

1.	i	6.	under
2.	over	7.	ved siden av (til høyre for)
3.	ved siden av	8.	ved (foran)
4.	på	9.	bak
5.	foran	10.	ved siden av

XI.   **Tidsuttrykk**

A.
1.	om	4.	om, i
2.	på, i	5.	i, på
3.	om	6.	for

B.
1.	da hun var	4.	så reiste hun
2.	Da forstod hun	5.	så hun reiste
3.	når de snakket		

C.
1.	om ettermiddagen, i ettermiddag	3.	i natt, i natt, om natten
2.	om morgenen	4.	om dagen, om kvelden
		5.	om formiddagen

XII. A.   **Det motsatte**

et golv	en kusine	lukket, stengt
en søster	en niese	å åpne
en far	foreldre	å miste
en sønn	å kjøpe	å stå
en mann	å svare	å gå
en mann	å begynne	å ta
en onkel	å glemme	kort
kald	billig	dårlig
lett	svak	lett
ledig	lite	ung, ny
tidlig	dyr	store
hennes	kjent, berømt	ingen
etter	uten	henne
til	under	bak

XIII. Kryssord

¹s		²b	l	y	a	n	t					³k	l	i	p	p	e

(Kryssord – fasit)

Vannrett/Loddrett løsningsord:
- ¹ spisestue
- ² bibliotek
- ³ klippe — kall
- ⁴ p...
- ⁶ tie / tiemeg
- ⁷ bokhandel
- ⁸ se...
- ⁹ elev
- ¹¹ minutt
- ¹² uke — ukedag
- ¹⁴ tante
- ¹⁵ ute
- ¹⁶ kri...
- ¹⁷ kjøkken
- ¹⁸ skrev
- ¹⁹ åpne
- ²¹ p...
- ²³ matt / mat
- ²⁵ kirke
- ²⁷ flagg — frtorko / frokost
- ²⁸ gammel
- ²⁹ kl...
- ³⁰ sove
- ³¹ telefon
- ³² dag
- ³⁴ komfyr
- ³⁶ speilet — støvø...
- ³⁷ penn
- ³⁸ frimerker

KNØTTENE

DET ER IKKE Å GÅ PÅ SKØYTER.. DU SKLIR!

DU HAR IKKE SKØYTER PÅ DEG.. ISEN ER BARE EN SLAGS SKLIE FOR DEG

FOR Å GÅ PÅ SKØYTER, MÅ MAN HA SKØYTER PÅ SEG! DU BARE SKLIR!

HVORDAN KUNNE JEG VÆRE SÅ TÅPELIG?

OG JEG SOM TRODDE AT JEG HADDE DET MORSOMT..

"ASKELADDEN SOM KAPPÅT MED TROLLET"

Substantiver:

sønner, sønnene, gården, gården, faren, sønnene, skogen, ganger

Substantiver og verb:

kommet, skogen, begynt, kom, et troll, hugger, skog, dreper, sa, trollet, gutten, hørte, kastet, øksa, løp, kom, ble, faren, sa, trollet, skremt, var

Substantiver og adjektiv:

dagen, yngste, brødrene, skogen, broren (brødrene), stuedøra, mat, en fersk, hvit ost, skreppa, en stund, trollet, skog, gutten, skreppa, osten, vannet, hvite, steinen, trollet.

Verb og adjektiv:

vær, være, trollet, hjelpe, hugge
var, fornøyd, flink, å hugge, ble, kom, sa, bli, lengre, ble, kom, tenne, gå, stod, var, tunge, løfte, små, sa, går, miste, bedre, tenner, gå.
kom, kokte, stor, spise, sa, ropte, var, sikker, vinne.
satte, tok, så, øste, mer, full, tok, stakk, så, sa.

Verb:

'spist, la, orker, sa, spise, sa, er, gjøre, skjær , spise, gjør spurte.
snakke, sa, gjorde, sa, tenke, gikk, døde, tok, fant, gikk.

"BARFROST"

I. **Repetisjon**

  A. **Adverb**
    1. oppgave:
1. verb, verb	3. adverb, verb
2. adjektiv, adjektiv	4. adverb, verb

    2. oppgave:
1. opp, ned	4. hjem, hjem
2. inne	5. inn
3. bort	

    3. oppgave:
1. lenge	4. lang tid
2. lang	5. lange
3. lange	

  B. **Spørreord**
    1. oppgave:
1. Hva	4. Når, Hvilken
2. Hvor, hvem	5. Hvorfor
3. Hvordan, hvor	

    2. oppgave:
1. Hvor	4. Hvor
2. Hvordan	5. Hvor
3. Hvordan	

    3. oppgave:
1. Hvilken	4. Hva
2. Hvilke	5. Hvilken
3. Hvilket	

  D. **Også // heller**
1. heller	3. heller
2. også	4. også

  F. **Ordstilling: Inversjon**
    1. Alltid ville de være hos hverandre.
    2. Gate opp og gate ned gikk de.
    3. Vondt hadde de det og de frøs.
    4. Noen ganger vekslet de raske, faste kyss.

II. **Nytt materiell**

  B. Ordstilling i bisetninger og hovedsetninger
    1. oppgave:
       1. at de ofte gikk i gatene om kvelden.
       2. når de ikke var sammen.
       3. at de var sammen
       4. hvorfor de ikke er sammen lenger.

    2. oppgave:
       1. ...som ofte gikk ...
       2. ...fordi de ikke hadde...
       3. ...gikk de ofte i gatene ...
       4. ...hvorfor de aldri var ...
       5. Hun så ham aldri...

    3. oppgave:
       1. ...noe de alltid gjorde   (som)
       2. ... de alltid gjorde   (at)
       3. ...historien jeg noen gang har   (som)
       4. ...noe hun ikke likte   (som)

4.   oppgave: 1.   ...kunne ikke gå .. og de kunne ikke
                     2.   De kunne ikke spise ... fordi de ikke hadde
                     3.   De likte ikke å ...fordi de ikke kunne...
                     4.   De hadde det ikke ... når de ikke var ...

D.   Lek med ord
       2.   fryser   6.   å ha det vondt
       3.   å være glad i   7.   Det hender / det hendte
       4.   ung   8.   å hende
       5.   rask

© United Feature Syndicate, Inc./PIB

"BRITT OG DUKKEN"

I.   **Repetisjon**

A.   **Refleksiv**
1.   å like seg - "to like it; to like being somewhere"
2.   å føle seg - "to feel"
3.   å legge seg - "to lie down; to go to bed"
4.   å vaske seg - "to wash"
5.   å sette seg - "to sit down"
6.   å forsyne seg - "to help oneself (to food, supplies)"
7.   å glede seg til - "to look forward to"
8.   å reise seg - "to stand up (from sitting)"
9.   å skynde seg - "to hurry"
10. å kose seg - "to enjoy oneself"

B.   **Sin-si-sitt-sine**
1.   sin   4.   sin
2.   hennes   5.   hennes, hennes
3.   hennes   6.   hennes, sin

C   **Da // når ... så // da**
1.   oppgave: 1.   Når   4.   når
                      2.   da   5.   Da
                      3.   Da   6.   da

2.   oppgave: 1.   So she put the pyjamas on him
                      2.   Then she put... (after that)
                      3.   When she put...
                      4.   Then she put... (at that same time)

3.   oppgave: 1.   Da 2.   Så   3.   Så

4.   oppgave: 1.   da han var
                      2.   så han døde
                      3.   så Britt likte ham ikke
                      4.   når han bråket
                      5.   så kom de

D.   **Transitive og intransitive verb**
1.   Mor la Britt klokka halv ni i går kveld.
2.   Jørgen lå helt stille på dukkestellebordet.
3.   Britt la Jørgen på dukkestellebordet.
4.   Jørgen satt ofte og så på biler.
5.   Mor kom inn i soveværelset og satte seg på senga.
6.   Britt våknet ofte når Petter skrek.
7.   Petter vekket ofte Britt om natten.

E.   **Som // at // hvem // hvilken // hva // det**
1.   som   5.   Hvem
2.   at   6.   som
3.   Hvilken   7.   som
4.   som   8.   at

II.   **Nytt materiell**

A.   **Ordstilling**
Øvelse:
1.   Når han ble lagt, lukket han øynene.
2.   Etter at Petter kom, var det bare bråk.
3.   Da hun løftet ham opp, hang armen hans fast i et bendelbånd.
4.   Fordi hun var sint på ham, dunket Britt hodet hans hardt i golvet.
Oppgave:
1.   Etter at han hadde vært der en stund, likte Britt ham ikke.
2.   Når det var fint vær, kikket Petter ned på dem.
3.   Fordi Petter aldri var stille, likte Britt ham ikke.
4.   Når Petter vekket Britt om natten, ble Britt sint.

B.   **Konjunksjoner**
Øvelse 1:
1.   Fordi han hadde fått puten over ansiktet,
         våknet han ikke om morgenen.
2.   Etter at han hadde vært der en stund, likte
         Britt ikke Petter.
3.   Da Petter døde, ble alt bedre.
4.   Da han hadde fått på seg bleien, tok Britt
         pyjamasen på ham.
5.   Fordi hun hadde hørt Britt gråte, kom moren
         til barneværelset.
Øvelse 2:
1.   Britt ble sint på Jørgen fordi han *ikke* ville
         slippe bendelbåndet.
2.   Britt ble redd da hun *ikke* kjente morens stemme igjen.
3.   Den store puten hans kom over ansiktet hans så
         han *ikke* fikk puste.
4.   Britt forstod *ikke* at Petter *ikke* var en dukke.

C.   **Adverb i bisetninger**
Øvelse:
1.   Britt likte Jørgen bedre fordi han *ikke* skrek.
2.   Det var en natt da Petter *endelig* ble rolig.
3.   Petter bråket mye, men Jørgen bråket *ikke*.
4.   Da Petter var død, lå han helt stille og han skrek *ikke*.
5.   Jørgen satt *ofte* og så på biler.
Oppgave:
1.   Britt kjørte Jørgen ute på fortauet så han kunne se på biler.
2.   Hvis moren ikke hadde sett det, ville hun aldri ha visst hvordan Petter døde.
3.   Jeg vet ikke hvorfor han alltid sov med den store puten sin.
4.   Nå forstod moren at Britt også hadde gjort dette med Petter.
5.   Britt kledde på Jørgen og så løftet hun ham opp.
6.   Britt trodde alt var bedre nå, men alt var ikke bedre.

D.   **Etter // etter at // etterpå**
1.   etter at   4.   etter at
2.   etter   5.   etter
3.   etter at   6.   etterpå

E. **Kroppsdeler**

1. armene
2. magen
3. øyne, en nese, en munn
4. øyer
5. beina

6. knærne
7. Foten, tær; hånden, fingrer
8. fingrene
9. tennene

F. **Preposisjoner**

1. i
2. an
3. på
4. for
5. ut
6. med
7. at

8. i
9. på
10. for
11. i
12. av
13. i

G. **Litt av hvert (words not crossed out)**

1. som
2. som het
3. var han, han hadde
4. sin, ikke fikk
5. ble Britt, på
6. lagt

7. hang armen hans
8. ble, la, hans
9. Da
10. fikk hun, se
11. visste hun, Petter hadde

H. **Kryssord**

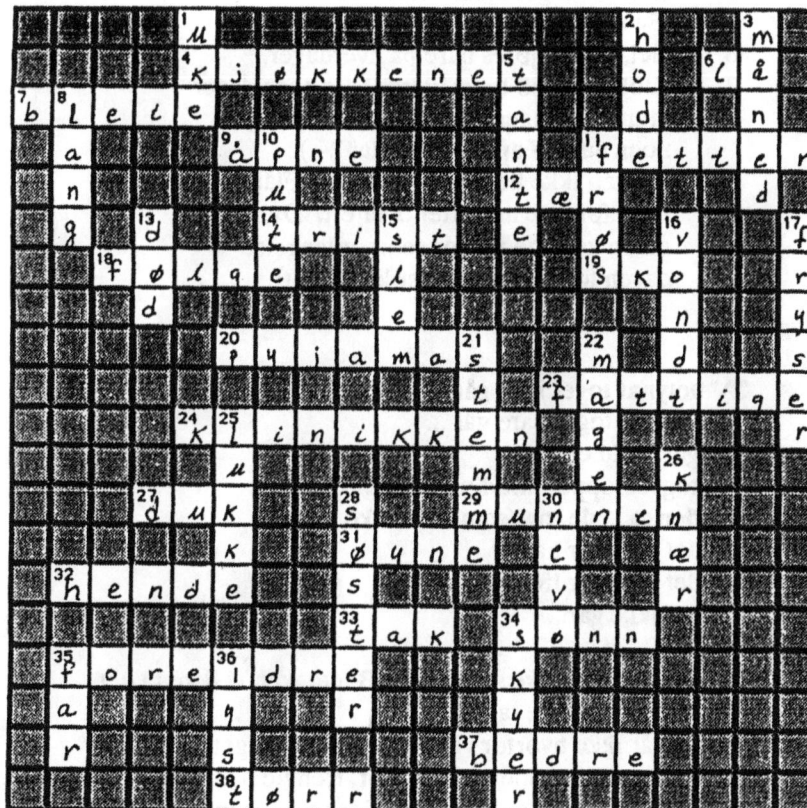

"TIL SNÅPEN"

I.   **Repetisjon**

    A.   **Tid**
        2.   Datoer

                1/7 - den første juli
                31/8 - den trettiførste august

        4.   Klokka

                7.30 - halv åtte om morgenen
                10.00 - klokka ti (presis) om morgenen (formiddagen)
                14.55 - fem på tre om ettermiddagen
                23.00 - klokka elleve (presis) om kvelden

        5.   Togrute
             1.   kl. halv elleve om kvelden
             2.   kl. halv sju om kvelden. Turen tar
                  8 og 1/2 time med toget som går klokka 10 og 6 og
                  3/4 time med toget som går klokka 15.45, så
                  klokka ti toget tar en time og førtifem
                  minutter lengre tid.
             3.   14.55 toget til Bergen kjøres bare den 6.
                  mars og 8. juni. (Se notat 19.)
             4.   Nei, 11.25 toget fra Myrdal kjøres bare
                  hverdager om sommeren. (Se notat 8.)
             5.   Nei, det toget kjøres bare om sommeren.
                  (Se notat 14).
             6.   Nei, toget kjøres bare på hverdager.
             7.   Klokka 23.30 toget kjøres bare noen dager
                  i juni, søndager fra januar til mars og
                  noen dager i april. (Se notat 24.)
             8.   Du kan ikke komme med tog til Flåm fra
                  Oslo før åtte minutter over ett. Du må
                  enten komme litt for seint, eller reise
                  dagen før for å være der klokka ett.

    B.   **Ordstilling**
        Oppgave 1
              1.   "A" betyr at toget ikke går ...
             2.   "B" betyr at toget bare går ...
             3.   Det går alltid et tog.
             4.   Det toget stopper alltid på Bødal.
             5.   Kunden sa ... de tog (som) han ikke kunne ...
             6.   ...at det ikke var han ...
             7.   ...at det ikke var livmålet ...
             8.   ...at det ikke går...
        Oppgave 2
             1.   Hvis dette toget ikke stopper på Bødal, kan vi ikke ta det.
             2.   Hvorfor kan vi ikke ta det toget?
             3.   Jeg forstår ikke hvorfor vi ikke kan ta det toget.
             4.   Siden han aldri hadde vært der før, trengte han hjelp med togtider.
             5.   Han visste lite om toglinjene og tidene selv om han var ekspeditør i byrået.

C. **De-Dem-Deres**
1.   ...yrket ditt...
2.   ...kjære deg...
3.   Må du ...

D. **Utelatelse av bevegelsesverbet**
1.   Kan skrives uten "reise"
2.   Må være slik det er
3.   Kan skrives uten "dra"
4.   Må være slik   det er
5.   Må være slik det er
6.   Må være slik det er

E. **For å // å // til å // til // --**
1.   for å
2.   til å, til
3.   for å
4.   --

II. **Nytt materiell**

A. **Modale hjelpeverb**
Øvelse
1.   The customer has not been able to find a(any) train that
      goes to Snåpen.
2.   The clerk ought to have been able to find a train that
      "fit" (worked).
3.   Other customers have also had to wait a long time at Bødal.
4.   The customer has still not gotten to travel to Snåpen.
5.   The clerk said he would be able to get to Bødal by train
      at six o'clock pm.
Oppgave
1.   Vi har måttet gjøre ... We have had to do ...
2.   De hadde ikke fått se ... They hadn't gotten to see...
3.   Hun har kunnet gå på ski ... She has been able to ski...
4.   Vi har ofte villet si ... We have often wanted to say...
5.   Hvor lenge måtte de vente .. How long did they have to..
Oversett: Hvor lenge ville han måtte vente på
Skramstad før han kunne reise til Snåpen?

B. **Direkte og indirekte tale**
1.   Ekspeditøren sa at han gjorde så godt han kunne.
2.   Kunden sa at han aldri hadde forstått (de / disse) togtabellene.
3.   Ekspeditøren sa at billetten gjaldt i syv dager.
4.   Mannen sa at han ikke hadde forstått det.
5.   Ekspeditøren sa at det ikke hadde vært han(ham) som hadde laget togtabellene.

E. **Litt av hvert (words not crossed out)**
1.   var det, som   6.   ble
2.   for å   7.   sa han
3.   var ikke   8.   nok var, komme
4.   hadde han
5.   ikke fantes, som

"BARNETS ÅRHUNDRE"

I. Repetisjon

A. Adjektiv og adverb
1. helt våken ... adverb, adjektiv
2. hardt... adverb
3. god, godt...adjektiv, adverb
4. gal ... adjektiv
5. galt ... adjektiv
6. godt... adverb

C.
1. alle
2. alt
3. alt
4. hele
5. hele

D. Ordstilling
1. Da faren var gutt, tenkte han ikke på krig.
2. Først snakket faren med gutten, så slukket han lampa over senga.
3. Fordi faren ikke ville at gutten skulle tenke på krig, svarte han ikke på hans spørsmål.
4. Hvis faren ikke snakker sant med gutten, vil gutten aldri stole på ham.
5. Når foreldre ikke snakker sant med barna sine, vet barna deres ikke hva de skal tro.
6. Selv om det var vanskelig for faren å snakke om krig,burde han ikke ha løyet.

E. Sa, Så, la, lå, satt, satte
1. lå
2. sa
3. satte
4. la
5. så
6. satt

F. Hvis // om
1. om
2. Hvis
3. hvis
4. om
5. om

G. Oppgave
1. jo
2. nok
3. vel
4. nok
5. vel
6. da

H. Jo
1. ... jo mer måtte gutten tenke ...
2. a) Jo mer gutten tenkte på krig, jo reddere ble han.
b) Var gutten ikke redd for krig? Jo, han var veldig redd.

II. Nytt materiell

A. Passiv
1. øvelse
1. passiv
2. passiv
3. aktiv
4. aktiv
5. passiv

2. øvelse
1. Dyna vil bli bredd over gutten.
2. Dyna blir bredd ...
3. Dyna ble bredd...
4. Dyna har blitt bredd...

Oppgave:
1. Alt gullet ble tatt ut av tennene på dem.
2. Menneskene ble brent opp etterpå.

3. Det som var igjen ble brukt til gjødsel.
4. Døra ble lukket.
5. En spesiell middag hadde blitt laget (til dem) av moren.

B. **"Er" eller "blir"**
Oppgave 1:
1. If the boy doesn't sleep, he might get sick.   (get)
2. I had a stomach ache, so I stayed home.   (stay)
3. The boy was afraid there would be war.   (be-future)
4. I hope there won't be war.   (be-future)
5. When there is war, many people are killed
   for nothing.   (be-passive)
6. Lars wants to be (become) a teacher.   (be - become)
Oppgave 2:
1. være - aktiv
2. blir - aktiv
3. var - aktiv
4. blitt - passiv
5. var - aktiv
6. ble - aktiv
Oppgave 3:
1. Faren sa at det ikke ville bli krig.
2. Gutten var redd for at foreldrene hans ville bli drept.

C. **Å synes // å tro // å tenke**

1.	oppgave:	1.	tenkte	4.	syntes
		2.	trodde	5.	trodde
		3.	trodde	6.	syntes, tenke

| 2. | oppgave: | 1. | på | 3. | om |
| | | 2. | på | 4. | på |

3. oppgave: Hun synes han ser fattig ut.
               Han tror han har mange penger.

D. **X vil at Y skal ...**
1. Gutten ville at faren skulle snakke med ham.
2. Faren ville ikke at sønnen skulle ligge våken hele natta.

E. **Uttrykk**

1.	av	6.	på
2.	for	7.	i
3.	om	8.	på
4.	på	9.	for
5.	på	10.	til

F. **Litt av hvert (words not crossed out)**

1.	for, hans	5.	aldri har
2.	bare er, på,blir ikke	6.	er ennå, kanskje vil
3.	som, vil aldri	7.	han ber, sier ikke
4.	forteller gutten	8.	været er, brer faren
		9.	ned

"VÆR SÅ GOD, NESTE"

I.   **Repetisjon**

    A.   **Tidsuttrykk**

1.	lenge	5.	i
2.	for tre timer siden	6.	på
3.	om femten minutter	7.	om morgenen (formiddagen)
4.	ganger	8.	Tiden

    D.   **Hvor er det?**
        foran, bak, ved siden av, over, til høyre for, til venstre for

    E.   **Adjektiv og adverb**

1.	innpåslitne	5.	dyktige
2.	daglige	6.	innpåsliten
3.	ulykkelige	7.	nødvendig
4.	lydig	8.	stygt

    F.   **Tro //synes //tenke**

1.	trodd	4.	trodde
2.	syntes	5.	syntes
3.	syntes		

    G.   **Ordstilling**
        1.   Da legen bad mannen kle av seg, ble mannen forvirret.
        2.   Mannen prøvde å fortelle legen hvorfor han var der, men legen lot ham aldri snakke.
        3.   Hvis mannen ikke ble bedre, ville de ta et røntgenbilde.
        4.   Kontorsøsteren var dyktig og bestemt så mannen gjorde som hun sa.
        5.   Først måtte mannen kle av seg, og så måtte han puste og hoste for legen.

    I.   **Modale hjelpeverb**
        1.   hadde bare villet levere, hadde ikke kunnet levere
        2.   burde høre
        3.   ville være, å kunne snakke
        4.   ville, skulle

II.   **Nytt materiell**

    A.   **Å be // å spørre // å fortelle**
        Oppgave 1:

	1.	fortalte	4.	fortalt
	2.	spurte	5.	spurte
	3.	bad	6.	å fortelle

        Oppgave 3: indirekte tale
            1.   Legen spurte om det var enda flere pasienter som ventet.
            2.   Kontorsøsteren bad mannen gjøre som doktoren sa.
            3.   Legen spurte om mannen hadde noen smerter.
            4.   Legen bad mannen ta medisinen tre ganger daglig.
            5.   Mannen spurte om det var noe farlig.
            6.   Legen bad mannen komme tilbake til kontroll om en måned.

B.   **Å komme // å bli // å hente // å få**

1. kom du
2. å bli
3. ble

4. hentet
5. å få
6. fikk ikke fortelle

C.   **Presens partisipp**

Oversett 1:   Dette er litt forvirrende.
Oversett 2:   The man remained seated while the doctor examined him.

D.   **Den engelske "-ing"**

1. å danse
2. ferdig med å danse
3. glad i å danse
4. interessert i å danse
5. gleder seg alltid til å danse

6. dansende
7. dansende
8. som danser
9. som danser
10. danset, hadde

E.   **Komparativ med enda, superlativ med aller:**

Oversett 1:   1. enda mindre
                2. enda eldre
                3. enda dyrere

Oversett 2:   1. det aller nærmeste legekontoret
                2. den aller beste medisinen
                3. den aller verste sykdommen

G.   **Litt av hvert (Words not crossed out)**

1. måtte
2. i, trodde
3. bare var, syntes
4. han prøvde, hele
5. Da, endelig slapp
6. hadde han, han var
7. bad, spurte
8. om, være
9. mannen måtte, sine, ble han

10. som, bad
11. fortalte, ikke ble
12. ville de, han hadde
13. sa kontorsøsteren
14. tro
15. spurte, om, virkelig var, som
16. fortalte han, han var

© United Feature Syndicate, Inc./PIB

I.   **Kryssord**

© United Feature Syndicate, Inc./PIB

"DESERTØREN"

A. **Passiv med -s**
    1.   oppgave: 1.   The knife is used like this.
                                2.   Paper should not be thrown on the floor.
                                  3.   The window must be closed.
                                  4.   The door is closed at 10 o'clock.

    2.   oppgave: 1.   Kniven blir brukt slik.
                                  2.   Papir burde ikke bli kastet på golvet.
                                  3.   Vinduet må bli lukket.
                                  4.   Døra blir stengt klokka ti.

    3.   oppgave: 1.   leses
                                  2.   vaskes (bli vasket)
                                  3.   gjøres
                                  4.   spises

    4.   oppgave: 1.   blitt drukket
                                  2.   var
                                  3.   vaskes (bli vasket), var
                                  4.   blitt gjort

    5.   oppgave: 1.   ble ... passiv
                                  2.   blitt spist ... passiv
                                  3.   vært ... aktiv
                                  4.   var... aktiv ("Ble" is also possible, but the sentence
                                          then has the sense of "it turned out to be"a long conversation.)

B. **Utelatelse av "hvis"**
Oppgave 1:
1. Hvis vi tenker på det nå, blir det kanskje ikke krig.
2. Hvis været blir bra i morgen, kan vi ta en tur.
3. Hvis du er trøtt og uopplagt, kan vi ikke gå på tur.
4. Hvis jeg ber til Gud, får jeg sikkert sove.

Oppgave 2:
1. Tenker vi på det nå, blir det kanskje ikke krig.
2. Blir været bra i morgen, kan vi ...
3. Er du trøtt og uopplagt, kan vi ikke...
4. Ber jeg til Gud, får jeg ...

D. **Å, og, for å, til, til å, --**
1. til, for å, å, og   5.   å
2. til å, å   6.   til, for å, --
3. til å   7.   til, for å
4. --, til å   8.   --, --

G. **Hva sier de?**
1.	b	6.	a
2.	f	7.	e
3.	h	8.	d
4.	j	9.	c
5.	g	10.	k
		11.	i

"BARNETIME FOR DE VOKSNE"

A.   **Futurum**
1.   kommer til å få
2.   kommer til å forstå
3.   kommer ... til å fortelle
4.   kommer til å lage
5.   Kommer du til å reise

B.   **Tidsuttrykk: om, i**

C.   **Å lage // å få (en) til å (gjøre noe) // å gjøre (en) trist, glad, osv. // å gjøre feil**
1.   har gjort meg trist, fikk meg til å le
2.   gjorde ikke mange feil
3.   laget ... få ... til å bruke
4.   gjør
5.   fikk ... til å skrive
6.   gjorde

D.   **galt // feil; riktig // rett**
1.   tok feil   2. Det er galt   3. hadde rett

E.   **Å utvide handlingen i tid**
1.   Ekstra verb:
     1.   Foreldrene lå og hvilte ...
     2.   Anton gikk og tenkte på ...
     3.   Anton satt og passet ...
     4.   De små babyene ligger og svømmer ...
     5.   Martin stod og feide gata.

2.   Å holde på med å
     1.   Jeg holder på med å skrive brevet nå.
     2.   Holder du på med å lese denne boka...
     3.   Hun har holdt på med å lage...
     4.   Holder de på med å bygge ...

3.   "Bli" + presens partisipp
     1.   Hun stod ikke opp, hun ble bare liggende i senga.
     2.   Jeg satte meg ikke, jeg ble bare stående foran ...

F.   **Uttrykk**
1.   av
2.   seg
3.   seg...av
4.   på
5.   i
6.   har ...tar
7.   Så
8.   til

G.   **For å // til å // å // --**
1.   til å
2.   --
3.   for å
4.   til å
5.   til å
6.   til å
7.   til å

H.   **Infinitiv etter verbene "be", "la", "høre", "se" og "føle"**
1.   tro
2.   sitte
3.   se
4.   gå ut og leke
5.   babyen gråte
6.   bilen komme

I.   **Modale hjelpeverb med perfektum**
1.   How could I have known that?
2.   It would have been fun to visit him.
3.   You should have seen it!
4.   I would never have believed it.

J. Motsetninger

største, bror, far, voksen (voksne), sist, riktig, slå på, pent (vakkert), store, glad (lykkelig), bedre, ta det med ro, langsomt (sakte), stort, store, stod, nye (unge), lite, ta feil, husket, på landet, i vinter, glemmer, en mann, gikk, selge, solgte, billig, hit, svare, lite (ikke mye), under, stor, alminnelig, kort, enkelt, lukke, lukke (stenge), lett, våknet

M. Å være // å bli

1.	var		3.	ble
2.	Ble		4.	Ble

O. Litt av hvert (Words not crossed out)

1. ble, -
2. tror
3. etter at, ble
4. få
5. som
6. babyer kommer, snart skal
8. blir
9. blir
10. oppe, ned
12. små, egentlig er
13. Anton endelig får, tror han
14. tror, ville de voksne

"DEN SAVNEDE"

I.   **Repetisjon**

A.   **Noen - noe - noen ... Ingen - ikke noe - ingen**
         Oppgave: 1.   noen - pronomen
                      2.   noen - pronomen; noe - pronomen
                      3.   Ingen - pronomen
                      4.   noe - pronomen
                      5.   noen - adjektiv
                      6.   noe - adjektiv
                      7.   noe - adjektiv
                      8.   ikke noe - pronomen

         Øvelse: 1.   Når det ikke var noen skyer
                      2.   Siden det ikke var noen studenter
                      3.   Fordi hun ikke leste noen andre aviser
                      4.   Hvis Georg ikke hadde noen jobb

C.   **Å bli**
         1.   No, I was taken prisoner.   (passiv)
         2.   It was in 1915 you disappeared.   (aktiv)
         3.   And then we were captured anew.   (passiv)
         4.   That she had gotten older, yes that she certainly had.   (aktiv)
         5.   It got to be embarassing.   (aktiv)

D.   **Litt av hvert (words not crossed out)**
         1.   i   9.   trodd
         2.   på   10. bodd lenge
         3.   for femten år siden   11. bad sove
         4.   bodde ... visste ... levde   12. fortalte...etter at ... bedt
         5.   trodde ... død   13. fikk ikke spørre
         6.   syntes...hjemme   14. tenkte ... borte
         7.   trodd   15. syntes
         8.   Da...kjente ...spurte hun   16. syntes

F.   **Indirekte tale**
         1.   Lise sa at han hadde stått på listen blant de savnede
         2.   Lise sa at de ikke hadde hørt fra ham.
         3.   Lise spurte hvorfor han ikke hadde kommet før.
         4.   Lise spurte om han hadde vært i fangeleiren hele tiden.
         5.   Lise spurte om han hadde spist den dagen.
         6.   Georg spurte om han skulle ligge på sofaen den natten.

G.   **Passiv**
         1.   Middag ble spist i taushet.
         2.   Ei seng ble reid opp på sofaen.
         3.   Bildet hadde blitt tatt på mobiliseringsdagen.

II.   **Nytt materiell**

A.   **Artikkel og adjektiv brukt som substantiv**
         Oppgave: 1.   de savnede   4.   de andre
                      2.   de nye og   5.   de
                           fremmede   6.   den andre
                      3.   det

E.   **X visste ikke hva X skulle gjøre**
     Oversett: 1.   De vet ikke hva de skal gjøre nå.
                 2.   Studentene visste ikke hva de skulle skrive om fortellingen.
                 3.   Georg og Lise visste ikke hva de skulle snakke om.

F.   **Å vente på at noe skal skje; å vente // å vente på**
     Oversett: 1.   Lise ventet ham ikke
                 2.   Hun ventet ikke på ham lenger.
                 3.   Georg satt og ventet på at Lise skulle komme hjem.

I.   **Litt av hvert (Words not crossed out)**

1.   som
2.   med, hennes
3.   på, borte
4.   trodde, kom han, hjem
5.   begynte
6.   stod hun, ringte det
7.   som, hennes, hans
8.   nesten ikke kjente ham
9.   så
10. fikk Georg, si
11. som, hans
12. hans

13. ham, blitt
14. stod
15. hjem
16. hans, ble, hennes
17. de skulle
18. sine
19. sin
20. sin
21. noe, hans
22. ut, hentet
23. bad, sove,
24. første, hjemme, sin, Hans

"SPRÅK"

A. **Hvordan ord bygges opp på norsk**
1. Forstavelser u- impossible, unhappy, unknown, infinite, unexpected
    mis- -- disbelieve, misuse, abuse
    sam- -- co-operate, co-habitor
    gjen- -- rebuild, retelling, recall

2. Endelser
    a) substantiver
        -dom -- childhood, (old-)age, poverty
        -else -- misunderstanding, beginning, investigation/examination,
                interruption, discovery, surprise
        -het -- friendliness, goodness, difficulty, possibility, eternity, secrecy/secret, weakness
        -ing -- opening, smoking, order, mumbling
        -skap -- friendship, captivity, insanity
    b) verb
        -ne -- darken, clarify/clear up, fall asleep
    c) adjektiv
        -bar -- costly
        -fri -- smokeless
        -lig -- finally, unfriendly, unnatural, festive, childish
        -løs -- friendless, unemployed, broke, homeless
        -som -- forgetful, lonely, helpful
        -vis -- naturally, for years, by the thousands

Oppgave a) forstavelser   b) endelser
         1. gjenopplevde   1. lykkelig/sorgløs
         2. urolige   2. mørknet
         3. mislikte   3. vanskeligheter
         4. samværet   4. Røyking
         5. unødvendig   5. avbrytelser
         6. gjenvinne   6. naturlig
         7. hyggelig/vennlig   7. oversettelse
         8. utrolig   8. arbeidsomme
         9. misvisende   9. begynnelse
         10. mistrodd   10. muligheter
                                              11. samling
                                              12. galskap

B. **Uttrykk (preposisjoner)**
    1. i   5. for, på
    2. i   6. i
    3. på   7. til
    4. i   8. på

F. **Litt av hvert (Words *not* crossed out)**

1.	som	11.	aldri kommer
2.	synes, hennes	12.	bryr seg ikke
3.	har hun, sin	13.	husker ikke
4.	hennes, -, -	15.	på
5.	-	16.	for
6.	da	17.	skriver hun
7.	første, syntes	18.	henne, ikke trenger
8.	nye	19.	lærer hun,
9.	nye	20.	På, fortsetter hun
10.	fremmede, hennes	21.	seg

G. **Kryssord**

GRYNT

"I DISSE AIDS-TIDER..." "...ER DET LURT Å GÅ HJEM..." "...FØR DU GÅR I SENG—"

A-Magasinet

"MANDAG"

A.   **Refleksive pronomener --eller ikke?**
1.   Han kledde på seg ... for å stelle seg, og ... slapp å barbere seg.
2.   ...bort til ham, klappet ham på skulderen og bad ham...
3.   ...på kollegene hans ... skrivebordet hans...
4.   ...at han kunne ... hvis han ikke følte seg...
5.   Han sa han skulle ... sitt beste.
6.   ...klappet ham ... hans beste.
7.   ...tok han opp ... papirene sine...
8.   Han ... låste seg inn...
9.   Han hang fra seg…listet seg…
10. ...med hodet hans knuget til seg.

B.   **Lek med ord**

1.	garderobe	7.	lunsj
2.	å jobbe	8.	en veske
3.	sjefen	9.	en vise
4.	matlyst	10.	kollega
5.	lønn	11.	innskrift
6.	høflig	12.	spinkel

"GJERTRUDSFUGLEN"

Kryssord:

"EN TE MED SITRON"

Litt av hvert: (Words not crossed out)
1.   ikke vil
2.   sin, som
4.   ikke er
5.   tror
6.   først
8.   ikke skal, få
9.   Så, som
10.   ikke vil
11.   får
12.   som
13.   som
14.   har Lisbet
15.   hva hun skal tro, Etter at
16.   Da, for å
17.   ikke er, som
18.   ikke er, første
19.   på, aldri vil
20.   betyr, ikke er, hans

"JURYEN VIL NÅ TREKKE SEG TILBAKE"

Litt av hvert (Words not crossed out)
2.   å ha slått
4.   sine, hans
6.   hans
7.   Da han parkerte
8.   som lekte
9.   -, var alltid
10.   Å kjøre, største
11.   han rygget, kjente han
12.   hørte han, trodde
13.   ble
14.   han kunne, han kom
15.   så han, ikke var
16.   ble, nesten kastet
18.   hørte han, som, av
19.   syntes, var, ble
20.   fikk han
22.   hans
23.   hans
24.   ikke kunne

LITTERATURLISTE (arbeidsbok og læreveiledning)

Allen, Edward D. and Rebecca M. Vallette. *Classroom Techniques: Foreign Languages and English as a Second Language.* Harcourt Brace Javanovich, 1977.

Birckbichler, Diane W. *Creative Activities for the Second Language Classroom.* Washington, D.C.: Center for Applied Linguistics, 1982.

Bjørnebek, Anne. *Troll i ord: Basisnorsk-kurs for fremmedspråklige.* Oslo: Aschehoug, 1990.

Gedde, Tone, Anne Golden og Else Ryen. *Lær mer norsk. Et kurs i norsk bokmål for fremmedspråklige.* Oslo: NKS Fjernundervisning, 1990.

Gjerdrum, Anne-Lise, et. al. *Grunnbok 2: Eg les og skriv.* Oslo: Teknisk Forlag A/S, 1982.

Golden, Anne, Kristi MacDonald og Else Ryen. *Norsk som fremmedspråk. Grammatikk.* Oslo: Universitetsforlaget, 1988.

Hendrickson, James. "Listening and Speaking Activities for Foreign Language Learners." *Canadian Modern Language Review* 36 (1980):735-748.

_____. "Listening and Speaking Activites for Foreign Language Learners: Second Collection." *Canadian Modern Language Review* 39 (1983):267-284.

Joiner, Elizabeth and Patricia Westphal. *Developing Communication Skills. General Considerations and Techniques.* Rowley, Mass: Newbury House, 1978.

Knop, Constance. "Classroom Applications of the Notional- Functional Syllabus." *ERIC Clearinghouse on Languages and Linguistics New Bulletin 5 no. iii (1982):3-4.*

_____. "Notional-Functional Syllabus: From Theory to Classroom Applications." *A Global Approach to Foreign Language Education.* Maurice W. Conner, ed. Skokie, IL: National Textbook Company, 1981.

Manne, Gerd. *Bo i Norge. Norsk for utlendinger. Mellomnivå.* Oslo: Fag og Kultur, 1988.

Oates, Michael D. and D.C. Hawley. "Real Language: A Gateway to Cultural Identification." *The Foreign Language Classroom: New Techniques.* Report of Central States Conference on the Teaching of Foreign Languages, Alan Garfinkel, ed. Lincolnwood, IL: National Textbook Company, 1983.

Omaggio, Alice C. *Teaching Language in Context. Proficiency Oriented Instruction.* Boston: Heinle and Heinle, 1986.

_____. "The Proficiency-Oriented Classroom." in *Teaching for Proficiency, the Organizing Principle.* Theodore V. Higgs, ed. Lincolnwood, IL: National Textbook Company, 1987.

_____. "Using Games and Interaction Activities for the Development of Functional Proficiency in a Second Language."

Rishøi, Kristian. *Følelser.* Stabekk: Bokklubbens Barn, 1989.

Schwartz, Marsha and Leslie Federkiel. "Blockbusters and Other Television Games in the Foreign Language Classoom." *Strategies for Foreign Language Teaching*. Patricia B. Westphal, ed. Lincolnwood, IL: National Textbook Company, 1983.

Snyder, Barbara. "Creative and Communicative Achievement Testing." *Strategies for Foreign Language Teaching*. Patricia B. Westphal, ed. Lincolnwood, IL: National Textbook Company, 1983.

Strandskogen, Åse-Berit og Rolf. *Norsk grammatikk for utlendinger*. Oslo: Gyldendal, 1981.

Strasheim, Lorraine A. "Achieving Curriculum Fit for That 'Horrible' Second Year." *Strategies for Foreign Language Teaching*. Patricia B. Westphal, ed. Lincolnwood, IL: National Textbook Company, 1983.

Wig, Rigmor, Elisabeth Aster. *Mellom oss og stjernene. Astrologi for hvermann*. Oslo: Gyldendal, 1973.

www.ingramcontent.com/pod-product-compliance
Lightning Source LLC
Chambersburg PA
CBHW080500110426
42742CB00017B/2948